走进嘉峪关

ZOUJIN JIAYUGUAN

嘉峪关

吴晓棠
编著

甘肃教育出版社

图书在版编目（CIP）数据

走进嘉峪关 / 吴晓棠编著. -- 兰州：甘肃教育出版社，2021.1（2022.8重印）
（走进甘肃旅游文化丛书）
ISBN 978-7-5423-4994-1

Ⅰ. ①走… Ⅱ. ①吴… Ⅲ. ①旅游文化—嘉峪关市 Ⅳ. ①F592.742.3

中国版本图书馆CIP数据核字(2020)第235934号

走进嘉峪关
ZOUJIN JIAYUGUAN
吴晓棠　编著

项目策划　薛英昭　刘正东
项目执行　刘正东
责任编辑　何佩佩
封面设计　MM 末末美书

出　版　甘肃教育出版社
社　址　兰州市读者大道 568 号　730030
网　址　www.gseph.cn　　E-mail　gseph@duzhe.cn
电　话　0931-8436489(编辑部)　0931-8773056(发行部)
传　真　0931-8435009
淘宝官方旗舰店　http://shop111038270.taobao.com

发　行　甘肃教育出版社　　印　刷　兰州银声印务有限公司
开　本　880 毫米×1230 毫米　1/32　　印　张　8.875　　插　页　4　　字　数　210 千
版　次　2021 年 1 月第 1 版
印　次　2022 年 8 月第 2 次印刷
印　数　2 001~3 000
书　号　ISBN 978-7-5423-4994-1　　定　价　60.00 元

有梦就来嘉峪关

公元前121年嘉峪关地域并入汉朝，至今2141年。

1372年建嘉峪关，至今648年。

1965年嘉峪关设市了，至今55年。

嘉峪关是一座新城，却有着2100多年文字记载的历史。

嘉峪关是一座由要塞演变来的古关，至今仍然焕发着勃勃生机。

嘉峪关地处戈壁深处，却是一片热土，丝路古道从这里穿过，2000多年来一直熙熙攘攘。当今，其通道作用依然如故，铁路、公路、航空便利，已是交通枢纽。

1958年5月，第一批建设者来到嘉峪关下勘察酒钢厂址，极目四望，满眼戈壁，没有村舍树木，于是就把仅见的烽火台作为地标参照物。后续赶来的职工接到的对目的地的描述是："在酒泉火车站下车，到县城，再往西沿兰新公路走20公里，路北边有个土烽火台，往右就是酒钢！"这个烽火台就是位于酒钢10号门东侧的干河墩（十五里墩）。干河墩成了数万酒钢建设者对嘉峪关的第一个印象，赶到嘉峪关见到的第一个标志。后来全市就一个企业，企业就是城市。就因为曾经充当路标，干河墩保留了下来，至今仍然默默矗立着，古墩承载过万众的期盼。

站在嘉峪关任何地方，方圆3公里之内必有长城。干河墩背后的长城防御体系覆盖嘉峪关全境。烽烟四起的明代，灰头土脸的墩台、营堡、边墙、壕堑、纵深手挽着手，仿佛在对入侵者说："犯我者先从我身上跨过！"经过一次次的战斗，明军总结经验教训，不断加固封堵，最终凭借山川形成了严密封锁河西走廊的长城防线，横亘于祁连山至新城草湖之间。冷兵器时代，这里的一山一水、一沟一坎都是长城，捍卫着中原王朝的尊严。

干河墩和他的70多个兄弟或矗立山顶，或盯着谷口，或注视大漠，或凝望着远处。防线的安危、肃州的安危、边疆的安危无不寄望于这些墩台。在那些狼烟四起、烽火连天的岁月，嘉峪关的将士们上演了无数次坚守长城、浴血奋战、保疆卫国的壮举，在这些马嘶箭鸣、烽烟滚滚的画面里，有墩台傲然屹立、倔强不屈的身影。

经过几代人的奋斗，现在的嘉峪关，绿树成荫，城市靓丽，生活舒适，高楼鳞次栉比，道路四通八达。昔日春风不度处，如今湖光山色，披翠染绿。干河墩在院舍、工厂、烟囱的掩映下不再醒目，甚至渺小。有谁知道，他曾目睹林则徐谪戍伊犁时在这里驻足、左宗棠率大军从这里经过去收复新疆、解放军浩浩荡荡去解放新疆……凡是居住或经过这里的人们，都无数次向他行过注目礼。

金戈铁马处，如今车水马龙，机器轰鸣，灯火辉煌。

嘉峪关既老又年轻，老得深沉，年轻得玲珑。

嘉峪关既冷又热，冷得清澈，热得奔放。

嘉峪关既古又新，古得含蓄，新得透彻。

这里有雪与火的景象，有钢与水的磨合，有蓝天对白云的呢喃，有放下与得到的释怀。春风已度，气象万千。这里没有拥挤，没有喧闹，没有惆怅，雄关催生了城市和绿洲，融化了世俗和无奈。

面对峡谷，坎坷不再是羁绊；面对雪山，险阻不再是困难；面对戈壁，遥远不再是距离；面对长城，平凡不再是渺小。

背靠祁连，头枕黑山，脚踏讨赖，臂掖草湖，不论你到达还是离开，嘉峪关都在这里，不离不弃。

到嘉峪关下，迈开步伐，敞开心扉，涤荡烦恼。面对苍穹和雪山、长城和戈壁、过去和未来，你将大开眼界，努力前行！

不到长城非好汉！来吧，有梦就来嘉峪关！

编者于2020年5月

目录

第一单元

认识嘉峪关

驿使图

出自嘉峪关新城墓群五号墓，画面是一个驿使骑在红鬃马上，头戴进贤冠，身穿右襟宽袖衣，足蹬长靴，左手举木牍文书，右手持马缰，驿骑四蹄腾空，信使则稳坐马背飞奔传递。这幅《驿使图》再现了当时西北边疆驿使驰送文书的情景，笔法娴熟准确，被认为是我国发现最早的古代邮驿的形象资料。在1982年中华全国集邮联合会第一次代表大会上，邮电部选中《驿使图》为邮票图案，专门单独发行J85『中华全国集邮联合会第一次代表大会』纪念小型章一枚。从此《驿使图》成为中国邮政的『形象大使』。

习近平总书记视察嘉峪关

2019年8月20日上午，习近平总书记来到嘉峪关考察。他登上嘉峪关关城，察看关隘、建筑布局和山川形势，听取关于长城文物遗产保护和历史文化传承情况的汇报。总书记指出：当今世界，人们提起中国，就会想起万里长城；提起中华文明，也会想起万里长城。长城、长江、黄河等都是中华民族的重要象征，是中华民族精神的重要标志。我们一定要重视历史文化保护传承，保护好中华民族精神生生不息的根脉。

一、来嘉峪关的10个理由

1. 现代化新兴城市

嘉峪关市是1958年伴随国家“一五”计划重点项目“酒泉钢铁公司”的建设而发展起来的新兴城市，1965年设市，1971年经国务院批准为省辖市，是中国四个不设市辖区的地级市之一。

建市以来，嘉峪关市持之以恒抓经济、谋发展，不断夯实长远发展、永续发展的深厚基业。特别是近年来，嘉峪关市坚持改造提升传统优势产业和发展战略性新兴产业并举，大力发展第三产业，不断优化产业结构，初步实现了从“一业独大”到多元发展的华丽转身。2018年，全市地区生产总值达到299.62亿元，是建市之初的6673倍；人均地区生产总值近12万元，位居全省第一，超过了全国平均水平。

60多年来，经过嘉峪关几代人的不懈奋斗，在昔日荒凉的戈壁滩上，一座跨河而建、功能完善、风景秀丽的新兴城市已经拔

风景秀丽的嘉峪关市

地而起：航线通达14座城市，高速铁路、高速公路纵贯全境，城镇化率达到93.65%。近年来，嘉峪关市相继荣获中国优秀旅游城市、国家园林城市、全国双拥模范城“六连冠”、国家卫生城市、全国文明城市等荣誉称号。

嘉峪关市虽然是五线城市，却有一线城市的风格，宜居宜商宜游。浏览共和国的成就，感受新时代的华美，尽在钢城嘉峪关。

2. 交通枢纽之地

嘉峪关位于河西走廊中部最西端，南靠祁连山，北接大漠，西通新疆，东达内地。自古交通东西、扼控孔道，因位置独特而战略价值显著，为兵家必争之地。

中华人民共和国成立以来，嘉峪关市立足优越的地理位置，不断完善交通基础设施体系，形成了涵盖公路、铁路、航空的立

嘉峪关市已发展成为河西走廊交通枢纽

体化交通网络，已发展成为我国重要的运输、军事、能源战略通道，被形象地称为中国的“陆上马六甲海峡”。作为兰州以西、乌鲁木齐以东最大的交通支点，嘉峪关被确定为全国性综合立体交通枢纽城市、陆桥通道西段节点城市。显著的地理区位、便利的交通条件，使得嘉峪关面向国际可对接新亚欧大陆桥、中蒙俄和中巴经济走廊；面向国内可对接青藏铁路、京新高速、中新南向通道，是甘肃除兰州之外枢纽作用最突出的地域。

3. 钢城

嘉峪关市因国家使命、国家战略、国家需要应运而生，因矿建企、因企设市、因关得名；是1958年伴随国家“一五”计划重点项目“酒泉钢铁公司”的建设而发展起来的新兴城市，所以称“钢城”。

1958年建厂以来，酒钢经历艰难曲折的发展历程，同时也孕育了“艰苦创业、坚韧不拔、勇于献身、开拓前进”的“铁山精神”。经过一代又一代人的努力奋斗，如今的酒钢集团已经拥有了年产1100万吨钢（包括120万吨不锈钢）、175万吨电解铝和3365兆瓦自备火电装机容量的强大工业生产能力。伴随着金属复合板、锌铝镁板、超级双相不锈钢等高端产品的成功研发，酒钢集团钢铁产品已经成功打入了手机、家电、汽车、核电等先进制造领域，成为一家技术先进、实力雄厚、多元化、国际化的大型企业集团。2018年，酒钢集团完成营业收入960亿元，位居中国企业500强第189位。

酒钢厂区

近年来，嘉峪关市持续加强文化旅游融合，大力发展节会经济，大力发展第三产业，调整产业结构，已初步实现转型，钢城发展日新月异。

4. 国家园林城市

嘉峪关市坚持“生态立市”战略，连续24年开展“绿化年”活动，建成迎宾湖旅游园区、东湖生态旅游景区、森林公园、明珠文化公园、讨赖河生态园、南湖文化生态园等一批公园绿地。全市公共绿地已达110多处，城市公园14座，人工湖20多个，生态环境面貌发生了翻天覆地的变化。2015年，嘉峪关成功创建国家园林城市。

目前，城市建成区面积70.4平方公里，绿地面积2756.66公顷，绿化覆盖率40.5%，人均公园绿地面积36.39平方米，人均水域面积27平方米，森林覆盖率12.43%。“十三五”以来，当地累计投入30多亿元开展污染防治，生活污水集中处理率达到98%，工业废水排放达标率100%，饮用水水源地、地表水、地下水水质达标率均为100%，全年空气优良天数达到83% 以上。现在的嘉峪关，雪山映照、蓝绿交织、清新明亮、空气洁净，赢得了“湖光山色、戈壁明珠”的美誉。

如今，整个城市被树木环绕，湖水拥抱，可谓“一江碧水穿城过，半城草木半城湖”。

5. 全国文明城市

1995年，嘉峪关市加入创建全国文明城市的行列，20多年来，

树木环绕、湖水拥抱的嘉峪关市

嘉峪关人矢志不渝、永不停歇地走在了创建全国文明城市的路上。

——嘉峪关市始终坚持以人为本，坚持民生优先，不断加强城市基础设施建设，完善城市功能，全面提升公共服务均等化水平，为市民构建和谐幸福家园。建成了一批学校、幼儿园、医院、图书馆、公厕等，改造棚户区、无障碍设施，实现居家养老、高龄补贴、公交公营、文体设施覆盖城乡……

——嘉峪关市始终坚持生态立市战略，把良好生态作为最大的民生福利，推进“天蓝、地绿、水秀、人和”的全域生态工程，建设更加生态宜居的城市；实施讨赖河生态治理工程，建成南湖文化生态园、“两湖一河”园林景观。城区绿地率和绿化覆盖率分别达到38.1% 和40.5%，人均绿地面积、水域面积分别达到36.39平方米和27平方米，成功创建国家园林城市……

——嘉峪关市始终加强社会治理和依法治市，推进城乡统筹发展，打造“平安和谐细胞”工程，推行网格化管理，提升城市精细化管理水平。在提高市民素质，改善城市软环境等方面持续下功夫，营造了文明诚信、安全有序的城市环境和快捷高效的服务环境……

——嘉峪关市始终坚持把社会主义核心价值体系建设作为精神文明建设的头等工程和灵魂工程来抓。不遗余力宣传、践行社会主义核心价值观，坚持开展“道德模范”和“雄关好人”评选表彰活动。“道德讲堂”覆盖社区和学校、机关单位，志愿者事

宜居宜游宜商的嘉峪关市

业蓬勃发展，互助团结友爱现象处处可见……经过20多年的奋斗，2017年11月，嘉峪关市成功创建全国文明城市。今日嘉峪关，目之所及，市容整洁，景色宜人，政通人和，风清气正。一幅文明和谐的新画卷正从容运笔，一股崇尚文明、和谐有序的新风尚蔚然形成，一个充满生机和活力的幸福之城昂首向前。

6. 国家全域旅游示范区

作为新兴城市，嘉峪关市工业基础雄厚，旅游资源富集，人居环境优美，社会和谐稳定，相继获得中国优秀旅游城市、全国旅游标准化示范城市、2019中国最美县域、国家全域旅游示范区等荣誉称号。

嘉峪关市拥有明代长城防御体系（关城、第一墩、悬壁长城）、丝路古道、新城墓群、黑山岩刻、湿地戈壁等丰富的旅游资源；有纵贯全境、天上地面四通八达的旅游交通网络；拥有与澳大利亚和南非并列的三大国际滑翔基地、国际铁人三项赛指定专用赛场、嘉峪关戈壁大峡谷地质公园、新城草湖国家湿地公园等；有全国首批工业旅游示范点——酒钢；有大唐美食街、恒基美居水晶街、名嘉汇、远东华府美食街、建设路市场、镜铁市场、富强市场等特色美食街区；有国家 AAAAA 级旅游景区1个、AAAA 级旅游景区4个、AAA 级旅游景区2个；有丹浓咖啡、西玉工艺、紫轩葡萄酒、祁牧乳品、新城黑醋、孙家原酿、黑山印记、芨芨草编扎等地方特色旅游商品；开发了方特欢乐世界、方特丝路神画、花卉博览园、峪泉古街等旅游项目；长期举办“敦

以关城为代表的嘉峪关长城迎接天下游客

煌行·丝绸之路国际旅游节”开幕式、国际短片电影展、国际房车博览会、国际铁人三项赛、长城马拉松等节会赛事。

7. 张骞、霍去病书写传奇的大地

西汉张骞曾经三次路过嘉峪关。张骞第一次出使西域前后历经13年。公元前128年，他沿祁连山北麓返汉途经呼蚕水巨堑（讨赖河峡谷）时受阻，又一次被匈奴俘获，羁押在新城草湖所在的呼蚕水湿地。张骞以敏锐的眼光发现了这一带重要的军事地理价值和宜耕宜牧的战略价值。回汉后，张骞建议朝廷夺取此地。元狩二年（前121）春季和夏季，霍去病按张骞提供的信息率重兵在呼蚕水、羌谷水（黑河）湿地进行了两场荡除居牧匈奴的战争，占领了呼蚕水、羌谷水、祁连山环抱的河西走廊中段。汉随即在呼蚕水南岸设置酒泉郡。霍去病夺下这里建立酒泉郡后，匈奴开

新城草湖所在的讨赖河湿地

坐落在石关峡的张骞雕像

始败退，驿道得以开通，汉匈战争得以转折，控制西域的计划得以实现。这里对汉朝打败匈奴、开疆拓土的贡献是中国西部任何一个地方都无法相提并论的。一代战神霍去病在这里留下了浓墨重彩的传奇。

自酒泉郡建立后，大批汉使奔赴西域，大队汉军征战西域，大量人口迁徙河西。张骞是这里的发现者，是河西走廊归属中国版图的策划者。古道开通的奠基之战发生在这里，河西走廊归属中国版图的首战发生在这里，汉朝向西扩张的号角从这里吹响，中原王朝的千军万马踏过这里西征。嘉峪关、酒泉、河西走廊、丝绸之路的历史，从张骞、霍去病到达这里开始。这里是汉代英雄张骞、霍去病书写传奇的大地。

8. 露天长城博物馆

经过明朝200多年的加固扩建，在嘉峪关地域最终形成了依地理梯次分布、层层设防、有广阔纵深的长城防线。嘉峪关防线是古人利用山川地理条件襄助国防的经典。

嘉峪关防线上有关堡近20座，墩台70多座，边墙、壕堑数百里，各类长城20种（营堡、墩台、边墙、墙壕、壕棱、远壕、城壕、外壕、山壕、边壕、墩壕、水壕、斩崖、崖栅、远墙、紮鮝、暗门、峡谷、崇山、湖沼）。嘉峪关是万里长城沿线长城形态最丰富的露天长城博物馆，是当之无愧的长城百科全书。

看千姿百态的长城，感受冷兵器时代的防御智慧，嘉峪关露天长城博物馆是首选。

封锁河西走廊的嘉峪关长城防线

9. 巍峨雄壮的关城

嘉峪关关城始建于明洪武五年（1372），是明代长城沿线九镇所辖关隘中最雄险的一座，至今保存完好。关城背靠祁连山，头枕黑山，雄踞高岗，虎视东西，古称“长城主宰”“天下第一雄关”。统领封锁河西走廊的长城防线，是中国长城的象征。1961年，嘉峪关以它古代军事防御体系保存完整，古代建筑结构精巧独特，历史地理环境风貌犹存，人类文化信息蕴含深厚，自然景色雄奇壮观的优势，被国务院公布为首批全国重点文物保护单位。1987年，嘉峪关作为中国长城的重要组成部分被联合国教科文组织列入《世界文化遗产名录》。

嘉峪关文物景区是依托嘉峪关军事防御体系的历史遗存、遗址为主要景观资源的边塞文化、长城文化、丝路文化旅游景区。景区以关城、长城、城楼、府邸等历史建筑遗存和层层设防的壕堑长城，形成了独有的苍凉、雄浑、凝重的边关戈壁特有风情，展现了河西走廊军事屏障、丝路重镇的历史作用。

关城与祁连山交相辉映，雄伟磅礴，气势如虹

10. 地下画廊聚集地

嘉峪关市新城镇、酒泉市肃州区果园乡西侧60平方公里的戈壁上分布有大量古墓葬。2001年，墓群被国务院公布为全国重点文物保护单位，命名为“果园—新城墓群”。新城墓群是位于嘉

新城古墓的内部构造和壁画

峪关的部分。新城墓群墓室壁画多为一砖一画或数砖组成的连环画，画法简练朴实，色调明快艳丽，线条流畅，形象生动，是古代砖壁画艺术珍品，被誉为“地下画廊”，当地称魏晋墓。果园—新城墓群被认为埋葬的是魏晋五凉时期当地的官员、贵族、富商、庄园主等，画像砖取材于现实，反映出河西地区当时的社会生活及民风民俗，为研究河西地区的社会、政治、经济、文化、军事、农业生产、环境等提供了实物资料，具有较高的研究价值。

果园—新城墓群是国内发现的规模最大的豪华砖墓群。画像砖的文化内涵有广阔的研究空间。

【咬文嚼字】“初有水而后置关”中“水”的确切含义

清初志书《秦边纪略》记载嘉峪关“初有水而后置关，有关而后建楼，有楼而后筑城，长城筑而后可守也”。这句话精练地记述了嘉峪关修建的过程。对“初有水而后置关”，很多人解读为：因为关下有九眼泉，保障了用水，才设置了关。其实不然，在中国古文中，“江”一般特指长江，“河”一般特指黄河，“水”一般指其他河流。“初有水而后置关”的水指讨赖河，讨赖河古称呼蚕水，其峡谷是设关倚凭的地理条件。原文的意思是：嘉峪关因为有讨赖河才设置关，弘治至正德年间建了关楼，嘉靖至万历年间修筑了两翼长城，形成防线后才能守住。水在这里指讨赖河天险。

二、嘉峪关市情

1. 政区概况

嘉峪关市是甘肃省省辖市，因建在嘉峪关下而得名。嘉峪关市位于北纬39° 39′ 47″—39° 59′ 47″、东经97° 51′ 14″—98° 31′ 59″，地处河西走廊中段最西的咽喉地带，是明代万里长城西端，是丝绸之路的交通要冲。东接酒泉市肃州区，距省会兰州市750公里，西与玉门市接壤，南与张掖市肃南裕固族自治县交接，北邻金塔县，行政区域界线全长196.6公里。市区面积1224平方公里，有25.2万人口。

嘉峪关先秦时为西羌地，秦为乌孙所辖。汉初为匈奴浑邪王地。西汉元狩二年（前121）始置酒泉郡，嘉峪关一带属酒泉郡管辖。东汉时为酒泉郡延寿县所辖。三国时，属魏国酒泉郡禄福县，西晋沿用魏制，改禄福县为福禄县。东晋时为前凉张轨所据，继为西凉李暠所管，后归北凉沮渠蒙逊。北魏置酒泉军，后改为酒泉郡。隋初废郡置肃州，属福禄县管辖。隋炀帝大业三年（607），改州为郡，属张掖郡福禄县管辖。唐武德二年（619）复置肃州，八年置都督府，贞观元年（627）罢府，天宝初曰酒泉郡，乾元初复曰肃州，属陇右道。大历元年（766）为吐蕃所辖，后张义潮以州归唐，为酒泉县辖地。五代、宋初为回鹘所据，景祐中属西夏。元属甘肃行省肃州路。明洪武五年（1372），冯胜平定河西地，始筑嘉峪关城。洪武二十七年（1394）设嘉峪关所，属陕西行都司肃州卫。清代归甘肃省肃州管辖。中华民国时为酒泉县辖地。

1949年9月25日酒泉县解放，嘉峪关属酒泉县辖地；1965年7月19日，国务院决定设立嘉峪关市，以酒泉县和肃南裕固族自治县各一部分行政区域为嘉峪关市的行政区域，由甘肃省直接领导；1971年9月10日，国务院、中央军委决定将嘉峪关市设为地级市。

全市设郊区工作办公室、钢城街道办事处、雄关街道办事处，管理新城、峪泉、文殊三镇和31个城市社区，是全国四个不设县区的省辖市之一。

2. 山川地理

嘉峪关市位于河西走廊中段最西端，祁连山北麓，讨赖河湿地西缘。辖域内可见祁连山在张掖市肃南县境内段，可见肃南县境内文殊山。黑山大部位于嘉峪关市境内西北。讨赖河穿过祁连山冰沟口，自西向东流经市区南，西南部分为深陷地平面下之峡谷。全区域属典型的温带大陆性荒漠气候，冬季长，干旱少雨。全市海拔在1412～2722米，境内地势较为平坦，土地类型多样。城市的中西部多为戈壁，是市区和工业企业所在地；东南、东北为绿洲，是农业区，绿洲随地貌被戈壁分割为点、块状；戈壁上植被矮小稀疏，野生动物稀少。

3. 历史人文

嘉峪关确切的历史当从西汉说起。

汉武帝继位后，决定用武力回击匈奴的侵犯。为寻找并联合匈奴的敌人大月氏，公元前139年，张骞奉命出使西域。张骞一行人在河西走廊被羌谷水（黑河）阻挡北绕而被匈奴抓获羁押，十年后他逃离匈奴并继续履行使命，辗转寻找大月氏，但这时的大月氏已不愿联合汉政府抗击匈奴，遂回返复命。公元前128年，他沿祁连山北麓行进，途经呼蚕水巨堑（讨赖河峡谷）受阻，又一次被匈奴俘获，羁押在新城草湖所在的呼蚕水湿地。（《汉书·张骞传》："并南山，欲从羌中归，复为匈奴所得。"）张骞以敏锐的眼光发现了这一带重要的军事地理价值和宜耕宜牧的战略价值。回汉后，张骞建议朝廷夺取此地。元狩二年（前121）春季，霍去病按张骞提供的信息率重兵直扑呼蚕水湿地，荡除了居牧的匈奴。（《汉书·霍去病传》："元狩二年春为票（骠）骑将军，将万骑出陇西，有功。上曰：'票骑将军率戎士……转战六日，过焉支山千有余里，合短兵，鏖皋兰下，杀折兰王，斩卢侯王，锐悍者诛，全甲获丑，执浑邪王子及相国、都尉，捷首虏八千九百六十级，收休屠祭天金人，师率减什七，益封去病二千二百户。’”）此战是汉朝在河西走廊的第一战。同年夏季，汉军乘势再战羌谷水上游，荡除匈奴，占据了觻得（后名张掖）。占领呼蚕水、羌谷水、祁连山环抱的河西走廊中段之后，汉随即在呼蚕水南岸设置以武力威慑匈奴的酒泉郡。自此，嘉峪关、酒泉始归中国版图。酒泉郡东有羌谷水阻隔，南有祁连山遮拦，西有巨堑屏蔽，北有呼蚕水拱护，四面可据，是河西走廊一带最适合设郡的地方。在呼蚕水北岸、湿地西端修遮虏障，建立酒泉塞，开通驿道，最早的塞口就是黑山以南（嘉峪关关城附近）和小钵和寺。其后，汉朝以酒泉郡为根据地，逐步扩张并开通驿道（亦称古道、丝路古道）。因此，这里是开通丝路的起点，是开疆拓土、控制西域的支点。

酒泉郡坐落在孔道上，长期承担战争驻屯集结、屯田补给、筹集粮草等功能，很长时间都是汉朝向西开疆拓土的根据地。贰师将军李广利率三万余骑、重合侯马通率四万余骑、后将军赵充国率三万余骑曾从酒泉整装出发，攻击匈奴、开疆拓土。汉宣帝时期，设立西域都护府。刘细君、冯嫽、陈汤、段会宗、辛武贤、王骏、班超等都是出酒泉郡经略西域，完成使命。这里凭借天险扼控驿道，祁连山、黑河、大漠戈壁拱护两侧，保障着道路的安全。讨赖河一带由此成为西域文明东进和中原文明西出在青藏高原以北、蒙古高原以南一带必经的通道。

汉、西晋、隋、唐、元、明、清时期，嘉峪关地域属于中原王朝，其他时段被凉、回鹘、西夏、蒙古等政权割据占领。嘉峪关长期扮演了交通站关、军事边关、通商税关等角色。东西文化长期交汇于此，使嘉峪关成为文明的分水岭：以西，逐步过渡为多国度、多民族、多宗教地区；往东，逐步变为汉族、儒家文化、中原王朝。多民族居牧、多势力争夺是古代嘉峪关地域的常态。

明朝向北驱赶了元朝势力。与其他朝代更替不同，明朝并未摧毁元朝政权，而是与疆域变小的北元及其蒙古后裔势力并存。曾经横跨欧亚的蒙古帝国虽然分裂衰败了，但在明初时期，瓦剌部、鞑靼部、察合台后王势力等仍然强大，对明朝虎视眈眈。为防御北元势力反扑，明朝在北方修建了万里长城，长城是国界的底线。嘉峪关是长城最西关口，是明朝有效控制区域的最西端。自冯胜建关后，明军在当地依托祁连山、讨赖河峡谷、黑山、新城草湖等天险，因地制宜，用险制塞，构建了封锁河西走廊的嘉峪关长城防御体系。整个防线人工长城凭借天险，与地理地势紧密结合，梯次分布，层层设防，充分扼守要塞要道。关城是防线指挥中枢，明朝设守备、千总，清朝设游击、巡检。

16世纪，嘉峪关以西尽失，“三面临戎，势甚孤悬”，明军与占据关西七卫的察合台后王势力、由北方迫近肃州的鞑靼部长期以嘉峪关防线为界对峙。入侵者觊觎防线，寻找突破口，多次从祁连山山口、文殊山口、讨赖河天生桥、黑山山口、断山口、新城草湖外围突击，不断发动战争。明军浴血奋战，反复击退入侵者，战火长期在防线上的这些地带燃烧。在争夺嘉峪关的战争中，

清光绪元年（1875）的嘉峪关关城

“据一关而撼天下”“得嘉峪关得天下”。

整个清代，新疆自叶尔羌汗国后，还出现了准格尔汗国、哲德沙尔汗国、洪福汗国等，康熙朝打败噶尔丹，乾隆朝平定大小和卓叛乱，光绪朝左宗棠平定阿古柏叛乱，朝廷多次通过出嘉峪关军事要塞解决西域问题，收复新疆。道光二十二年（1842）九月七日，林则徐谪戍伊犁路过嘉峪关。光绪六年（1880）四月十八日，左宗棠舁榇出关。

民国时期嘉峪关属酒泉县。1958年在关城下建设酒钢，揭开嘉峪关发展新篇章。1965年7月19日，国务院决定设立嘉峪关市。1971年9月10日，国务院、中央军委决定将嘉峪关市设为地级市。

改革开放特别是21世纪以来，嘉峪关乘西部开发、“一带一路”东风，发展为新兴工业旅游城市。

中华人民共和国成立以来，国家关心支持酒钢、嘉峪关的建设发展，邓小平、江泽民、胡锦涛等多位国家领导人莅临当地。2019年8月20日，习近平总书记考察关城并指出：要做好长城文化价值发掘和文物遗产传承保护工作，弘扬民族精神，为实现中华民族伟大复兴的中国梦凝聚起磅礴力量。为嘉峪关市指明通过长城文化彰显中华民族精神的发展方向。

【历史钩沉】“嘉峪关”名称的来历

嘉峪关市因嘉峪关而得名。嘉峪关建于1372年，名称来自嘉峪山。嘉峪山即文殊山，文殊山在明代以前称嘉峪山，“嘉峪”意为“美丽的山谷”。古代嘉峪山中泉水潺潺、松柏蔽日、风景秀丽，五凉以来建造大量佛窟、寺庙、庵观等，香客信众云集，是河西走廊的朝拜圣地，有“小西天”之称。

《地理志·肃州卫》载：“肃州西有嘉峪山，其西麓即嘉峪关也。”《重修肃州新志》载：“嘉峪山，在（肃）州西七十里。山之西麓即嘉峪关。”《有元重修文殊寺碑铭》载：“肃州西南三十里嘉峪山者，乃一切贤圣栖神化远之归心，林泉秀美，涧壑寂寥。”

三、名胜古迹点将台

1. 嘉峪关关城、第一墩、悬壁长城（石关峡）

游览指数★★★★★

推荐指数★★★★★

2. 新城墓群、城市博物馆、长城博物馆、东湖生态旅游景区、方特欢乐世界、紫轩葡萄酒庄园、中华孔雀苑、草湖湿地公园、讨赖河峡谷、方特丝路神画

游览指数★★★★

推荐指数★★★★

3. 南湖文化生态园、迎宾湖生态园区、雄关广场、森林公园、白鹿仓峪泉古街

游览指数★★★

推荐指数★★★

4. 小钵和寺遗址、露天长城博物馆徒步区、野麻湾堡遗址、

文殊寺景区、黑山湖、野麻湾长城遗址、世纪龙林

游览指数★★

推荐指数★★★★

5. 干河墩遗址、河口墩遗址、崖栅长城遗址、关北墙壕遗址、新城堡遗址、徐家屯庄遗址、横沟屯庄遗址、护国寺、天生桥、红泉墩遗址、黑山

游览指数★

推荐指数★★★

雄关与花海

古地方志记载的“肃州八景”

嘉峪关古属肃州，明万历朝《肃镇华夷志》收录了曾在肃州任职的戴弁（1390—1454）所作“肃州八景”诗，有些内容涉及嘉峪关。

南山积雪

酒泉城外碧云端，万叠芙蓉雪未干。
素影欲迷银汉迥，时光不逐暖风残。
气吞沙漠千山远，势压番戎六月寒。
公馆日长清似水，几回吟望倚栏杆。

北陌平沙

北上高楼接大荒，塞原如掌思茫茫。
朔风怒卷黄如雾，夜月轻笼淡似霜。
弱水西流青海远，将台南去黑山长。
远人遥指斜阳外，蔓草含烟古战场。

金塔凌虚

不省何年缔构功，一峰突兀白云中。
高临北极天光迥，低压南山地势雄。
风送铃声来碧落，雨收虹影入晴空。
何当平地丹梯上，尽日徘徊兴莫穷。

玉关来远

圣代文明遍九垓，河山设险玉关开。
月明虏使闻鸡渡，雪霁番王贡马来。

泛泛仙槎浮瀚海，翩翩驿骑上金台。
幸逢四海为家日，独坐藩垣愧乏才。

戍楼晓角

碧天如水满城霜，五鼓初收戍角长。
入塞数声胡北遁，残星几点雁南翔。
梅花叶落开关早，杨柳风清拂暑凉。
客枕独怜惊夜梦，五云深处侍君王。

僧寺晚钟

何处钟声动酒泉？上方台殿月娟娟。
灵檐霜满僧吟梵，孤馆灯残客未眠。
寥亮已传青塞外，飘飘还过白云边。
几回听罢生乡思，洛下柴扉掩暮烟。

嘉峪晴烟

烟笼嘉峪碧巷晓，影拂昆仑万里遥。
暖气常浮春不老，寒光欲散雪初消。
雨收远岫和云湿，风度疏林带雾飘。
最是晚来闲望处，夕阳天外锁山腰。

清河夜月

一水西来天际流，冷涵桂魄夜悠悠。
山河有影鱼龙晓，风雾无声鸿雁秋。
杨柳滩头渔下钩，芙蓉花外客登楼。
一时假我仙槎便，直上银河看斗牛。

四、行程规划参考要素

1. 旅游时间规划

嘉峪关自古锁钥河西，旅游资源丰富，境内戈壁大漠、绿洲湿地等自然景观与长城、古道等人文历史、民族风情交相辉映，有多处国家级湿地公园、国家级旅游景区，其中嘉峪关关城景区被评为AAAAA级旅游景区。在嘉峪关游览时间以2天左右为宜：游览热门景点用一天，徒步露天长城、游览戈壁用一天。如果时间充足，可寓驻嘉峪关，感受古人利用地理条件襄助国防的经典——雄浑壮观的嘉峪关长城防线，实地观赏20种100多处长城遗迹。这里大部分长城还没有开放，大部分地理环境还是自然状态。嘉峪关周边100公里的范围之内，有很多历史文化遗迹和风景名胜，比如文殊寺、昌马石窟、金塔汉长城、玉门丹霞地貌、花城湖、赤金峡、金塔胡杨林、酒泉西汉胜迹等，可以在嘉峪关居住，用一周时间通盘游览嘉峪关境内及周边的名胜古迹。因为

冬日雄关

有通达的空运陆运，嘉峪关市也是河西走廊周边旅游的集散中转站。

2. 旅游最佳季节

长城旅游不受季节限制，一年四季都可以到嘉峪关。如果喜欢花草葱茏、山清水秀，适宜的时段是5月至10月。这里夏季凉爽，秋季瓜果飘香，冬季茫茫雪原，银装素裹，也别有情趣。

3. 旅游参考网站

规划行程，预订机票、车票、酒店、食宿等，可参考以下网站：

马蜂窝　http://www.mafengwo.cn/

甘肃旅游网　http://www.tourgansu.com/index

嘉峪关市文化和旅游局官网　http://whlyj.jyg.gov.cn/

嘉峪关在线　http://www.0937.com/

另外，嘉峪关市设有政府门户网站，城市概况、历史文化、名胜古迹、特产美食都有介绍，资讯权威，可作参考。

如果要深入了解嘉峪关历史文化，可查阅相关书籍，如《嘉峪关市志（1978—2010）》等。可上网查阅：http://szb.jyg.gov.cn/。

4. 旅游注意事项

注意当地气象预报，带足衣物。备好常用药，如感冒药、腹泻药、创可贴等。夏季出游备伞，避免暴晒暴雨。徒步要充分准备，不可独自一人，最好请熟悉路线者陪同，有些地方因偏僻而没有手机信号。尊重当地习俗。

观赏野外长城，要遵守文物保护规定，爱护野生植被，维护戈壁原貌，做到“除了照片，什么也不要带走；除了时间，什么也不要改变；除了脚印，什么也不要留下”。

充分使用嘉峪关行政图、旅游交通图。和出租车司机、导游交流最好正确区分“嘉峪关”包括“关城”“景区”“城市”“地域”的几个含义，知道不同场景下如何使用，避免误会而耽误行程。

戈壁上的隐身植物

参与和观赏梨花节、沙枣花节、赛瓜节、铁人三赛、房车节、短片节等，要提前关注权威部门发布的消息。

自驾游要按指定区域和路线行驶，不要在戈壁上漫无目标行进，不要碾轧原始戈壁。露营要确保安全，确认通讯正常。

【人物记忆】 游击将军芮宁

明正德十一年（1516）十一月，东察合台汗国国王满速尔率万骑入侵肃州，嘉峪关首当其冲。得知嘉峪关被围攻，肃州派兵救援。十六日，曾经在嘉峪关任过职的游击将军芮宁沿讨赖河南岸抄近路赶赴嘉峪关。在文殊镇遭遇敌军围堵。双方恶战一天，明军弹尽粮绝、寡不敌众而全军覆没，芮宁英勇牺牲。此战为有明以来西部最大之战役，敌军采用重点攻击、围点打援战法，嘉峪关关城、肃州、小钵和寺、文殊镇、天生桥等多处同时发生战斗。芮宁在文殊镇死战，为肃州平乱锄奸赢得时间。芮宁捐躯当日嘉峪关亦沦陷，不久被收复。朝廷表彰了芮宁，赠谥号“襄愍”，世袭指挥使，追授都督同知，撰祭文厚葬，在肃州设立芮公祠、襄愍坊。

芮宁是为救援嘉峪关、保卫肃州而捐躯的将领，是英雄，被录入《明史》。

五、经典旅游线路

1. 嘉峪关市文化和旅游局推荐旅游线路

线路一：醉美乡村——草湖湿地户外研学体验之旅

【推荐理由】该条线路沿途可饱览秀丽的乡村风景、壮观的湿地景观，还有历史文化古迹，能够体验到独特的地方民俗文化。在草湖国家湿地公园还能近距离欣赏沙漠风光、野生动植物，远离城市的喧嚣，感受原野的静谧与自然的安逸。

【路线走向】嘉峪关市区→新城镇野麻湾村→草湖国家湿地公园→新城镇泥沟村→新城镇横沟村

【出游行程】从嘉峪关市区出发，前往新城镇野麻湾农业发展园区。园区拥有115座戈壁日光温室，可以采摘油桃、西瓜、樱桃、人参果、火龙果、时令蔬菜等。随后前往野麻湾农业发展示范园科普示范基地——嘉峪关新绿地苗木农民专业合作社，游客可了解苗木的生长习性，认识苗木，体验植物的栽植过程。之后前往嘉峪关市第一个国家级生物多样性综合体——新城草湖湿地公园，它是河西走廊最重要的湿地之一，有大量野生动植物。游览过草湖景观，喜欢徒步的朋友可以沿途参观横沟屯庄、十营庄堡（又称“小钵和寺”）、野麻湾堡、泛沙泉遗址，感受丝路古道、烽火墩台、落日孤烟，而后前往新城镇泥沟村，欣赏泥沟八景（渔唱残红——渔家傲、斜阳草树——牧羊滩、芦洲晚净——鸡心梁、断崖一径——狼行湾、怪柳仙踪——野狐岭、古垒夕照——烽火台、石梁沙窝——老鼠塘、梦草池塘——锅盖梁），感受泥沟村的秀美风光、乡土人情、民风民俗和特色产业，体验胡萝卜采收、野生鱼捕捞、自助烧烤的乐趣，享受羊肉美食大餐或者参加风光无限的越野车体验，来一场泥沟村深度游。傍晚可

嘉峪关草湖国家湿地公园

入住新城横沟民宿，寻屯庄遗址，听云杉传奇，吃炕锅鹅，喝原酿酒。可研习科普，能追寻遗古，真正体验“吃在泥沟、住在横沟、娱在草湖”的农家风情。

【住宿】横沟民宿一条街

【特色美食】横沟村特色烤鹅、炕锅鹅、泥沟人家野生草鱼、羊肉、土鸡、土鸡蛋、驴肉、烤香猪、精品凉菜等

【旅游商品】孙家原酿酒、新城手工醋、长城辣元卫辣椒酱、泥沟胡萝卜、观蒲村老鹳沟烧壳子、油桃、西瓜、樱桃、人参果、火龙果、时令蔬菜等

【行车里程】30公里

【出游天数】建议1—1.5天

线路二：醉美乡村——悬壁驿站花海民俗休闲之旅

【推荐理由】该线路内容丰富，历史文化底蕴深厚，有长城文化、丝路文化、蓝孔雀主题文化、休闲农业等旅游产品，游客置身其中，可充分感受各种文化交汇的魅力。

【路线走向】嘉峪关市区→中华孔雀苑→悬壁长城景区→黄草营村

【出游行程】从嘉峪关市区出发，前往蓝孔雀基地，观赏孔雀放飞，品鉴孔雀文化，体验葡萄采摘、自助烧烤的乐趣，深刻感受丝路文化、中国传统国学的灵秀。景区内有以“甘肃味道”为主题的生态酒店，以原生态形式打造的院落式乡村客栈——梧桐雅居，是游客休闲度假、体验田园生活的理想驿站。之后前

悬壁长城脚下

往悬壁长城景区。在悬壁长城脚下，有全省优秀乡村旅游示范村——黄草营村，在黄草营村游客能够体验“绵媳妇”婚嫁、黄草营小调、剪纸、布贴画、锅盔制作等乡村民俗文化。黄草营锅盔、峪泉铜锅、龙氏烤肉为该村质量较高且具有代表性的特色美食。黄草营村内农家乐、民宿等旅游配套设施主要集中于悬壁长城景区周边，黄草营村乡村旅游示范点正在打造民宿一条街，包含特色民宿18家，农家乐5家。一年一度组织开展的“锅盔美食文化节”“乡村音乐节”“赏花节”等文化旅游节，展示了黄草营村的民风民俗、人文景观和自然景观，提升了黄草营村的知名度、美誉度和影响力，景村一体的格局已然形成。

【住宿】黄草营村民宿、中华孔雀苑民宿

【特色美食】孔雀蛋系列菜品、特色羊肉、大盘鸡、发菜炖小鸡、高台面筋、馕坑肉、拨疙瘩等

【旅游商品】夜光杯、风雨雕、驼绒画、祁连玉、嘉峪石砚、纯手工锅盔、烧壳子等

【行车里程】12公里

【出游天数】建议1—1.5天

线路三：醉美乡村——关城脚下古今穿越星空之旅

【推荐理由】该线路融合了长城文化、丝路文化、民俗文化等丰富的旅游资源，游客不仅可以身临其境，感受“天下雄关”“边陲锁钥”的雄伟，体验采摘乐趣，品味特色美食，享受

雪原关城

边塞风情，还可以通过现代高科技手段，体验一场精彩的丝路之旅。

【路线走向】嘉峪关市区→嘉峪关文物景区→嘉峪关村→白鹿仓峪泉古街→方特丝路神画

【出游行程】嘉峪关村临近市区，距离3公里左右，附近有国家AAAAA级旅游景区——嘉峪关文物景区和白鹿仓峪泉古街、方特丝路神画。关城脚下的嘉峪关村现有星级农家乐21家，星级乡村民宿15家，建筑风格上保留了农村建筑的乡土特色，院内有果园、花池等设施，与周围乡村环境融合较好，餐厅、住宿及内部装饰农家风情浓厚。村内特色美食有峪泉锅盔、盛氏白斩鸡、峪泉铜锅等。游客可在看过宏伟的关城景区，享受过嘉峪关村特色美食后，夜宿峪泉镇嘉峪关村，在长城脚下，亲近大自然，感受夜幕下的绚烂星空、伟岸长城、袅袅炊烟，还可以观看白鹿仓正在打造的天下雄关演出节目。

第二天游客可以前往方特丝路神画景区，它位于关城景区以东，与之构成了“一古一今、一静一动、一新一旧”的两大旅游主体。园区以丝绸之路文化内涵为基础，以现代高科技表现形式为手段，将文化传播与互动娱乐完美融合，将丝路文化、长城文化、华夏历史文化、边塞古城文化、民俗文化这绚丽多彩的画卷展现在游客眼前，让游客再次感受一场精彩的古老与现代、寂静与繁华、壮美与柔情的穿越之旅。

【住宿】嘉峪关村民宿、峪泉古街民宿

【特色美食】烤全羊、土鸡焖卷子、烧壳子、沙枣面油饼、羊肉粉汤、炕锅鹅、拉条子、炕血肠、发菜、锁阳油饼等

【旅游商品】夜光杯、风雨雕、驼绒画、祁连玉、嘉峪石砚、方特公仔等

【行车里程】10公里

【出游天数】建议2天

线路四：醉美乡村——文殊河口寻找乡愁乡村记忆之旅

【推荐理由】该线路临近嘉峪关高铁南站，交通便利，有乡村旅游农家乐一条街。游客步入田园，在农业科技中体验戈壁变良田的创新、采摘绿色无公害蔬菜瓜果的乐趣，在身心放飞自然的同时了解祖辈们的农耕文化、生活习俗和民间艺术等本土文化脉络，感受民俗文化带来的魅力。

【路线走向】嘉峪关市区→文殊镇河口村→冯家沟村→塔湾村

【出游行程】文殊镇紧邻火车南站，紧靠嘉峪关市大型文化旅游项目——观礼古镇、方特欢乐世界，交通便利，区位优势明显。文殊镇目前有展现田园风格的星级农家乐37家、乡土气息的星级乡村民宿21家，其中河口村双泉旅游度假村是嘉峪关市最早的农家乐一条街，在这里可以品尝到原生态农家菜肴，找寻妈妈的味道；可以体验石磨碾子、大轱辘车、耕犁、土炕等，感受淡淡的乡愁，寻回儿时的记忆；还可以采摘草莓、火龙果、人参果、葡萄等新鲜水果，购买乡村土特产。2019年，河口村接待游客30

万人次左右，旅游及相关产业总产值5648万元，先后荣获甘肃省省级文明村、中国休闲最美村庄等荣誉称号。

文殊镇根据二十四节气每年举办冯家沟梨花节、河口村沙枣花节等乡村旅游文化节、美食节等民俗活动。游客碰到乡村赶集日，可以感受乡村集市的热闹繁华。此外，游客也可以参观塔湾村乡村记忆馆，真正体验“住农家屋、吃农家饭、赶农家集、看农家景”的田园生活。

【住宿】河口村民宿

【特色美食】馕坑肉、烤全羊、柴火鸡、铁锅炖大鹅、酱大骨、炒牛肚、扁豆面、南瓜面等

【旅游商品】草莓、火龙果、人参果、葡萄等新鲜水果，土

嘉峪关文殊镇双泉农家山庄

鸡、鸡蛋等

【行车里程】5公里

【出游天数】建议1—1.5天

线路五：醉美乡村——安远田园亲子互动亲情之旅

【推荐理由】观赏田园风光，体验酿造工艺、农事采摘、自助烧烤，品尝各种特色美食，感受嘉峪关不同的民俗文化。

【路线走向】嘉峪关市区→新城镇安远沟村农家乐一条街

【出游行程】“安远”的名称源于汉代。安远沟村位于嘉峪关市东侧，紧挨市区，素有嘉峪关市“东大门”的美称，清嘉高速、明珠东路、创业大道、嘉酒城际一级公路、312国道东西纵穿而过，金港路南北横贯，交通便利。安远沟村有农家乐13家、生态烧烤

嘉峪关新城镇安远沟富田度假村

园10家、民宿2家；成立了安远沟林下松针鸡生态养殖农民专业合作社，注册了安远沟松针鸡商标；扶持了鼎肴佳酿和香醋加工坊。安远沟村每年举办烧烤文化旅游节，苹果、桃、杏等采摘活动，通过节会的举办，将安远沟村的特色烧烤园、果品、“老乔家”烧壳子、田老头米酒汁、安远沟松针鸡等品牌在嘉峪关市打响，使嘉峪关市第一水果生产大村的知名度得以极大提升。

前往新城镇安远沟村农家乐一条街，和家人一起体验农家生活、品尝特色美食，晚间还可入住安远沟民宿，观赏花卉，感受蝉鸣鸟啼入梦的住宿体验。同时，游客可以在爱途庄园、开心农场开展田地认购活动，开展亲子游、研学游等周末休闲旅游。

【住宿】安远沟村民宿

【特色美食】烤全羊、党参枸杞鸡汤、土鸡焖卷子、烧壳子、沙枣面油饼、羊肉粉汤、炕锅鹅、拉条子、炕血肠、发菜、锁阳油饼等

【旅游商品】苹果、桃、杏、老乔家烧壳子、田老头米酒汁、安远沟松针鸡等

【行车里程】3公里

【出游天数】建议1—1.5天

【长城地情】嘉峪关有哪些壕堑长城

壕堑一般不单独存在，它与边墙、营堡、墩台等人工墙体相伴，位于边墙外侧和营堡墩台周围，增加敌人

跨越、攻占的难度，增强长城的防御能力。嘉靖三十五年（1556）所绘嘉峪关防御图里，关城周围有多道长城环卫，层层设防，这些长城就是壕堑，现在还残存遗迹。无论墙体还是壕堑，都是要达到让入侵者过不来、下不来、上不去、回不去的目的。壕堑充分利用地理条件，是自然长城和人工长城的合体。经过几百年风吹雨淋和沙土淤埋，很多壕堑已经消失或不易辨认。

经过实地踏勘加比照志书，现发现并确认嘉峪关防线上有以下壕堑：

墙壕　关城南北边墙西侧，有一道与边墙平行的壕沟，长约13公里。从关南的讨赖河北岸起，蜿蜒向北，穿过戈壁延伸到黑山。在关南，墙壕位于边墙西30—60米的戈壁滩上，长约6.4公里。在关北，墙壕位于边墙西数十米到数百米的戈壁和山上，现存长约2.1公里。部分墙壕位于关城所在高岗东侧脚下，是挖的深沟；部分在黑山峭壁上，是凿的壕。

远壕　分布于关城西，与关南墙壕相连，向西延伸，亦称拦马沟。

城壕　在罗城城墙外侧脚下和内城南北两侧可见。卯来泉堡、小钵和寺四周亦有。

外壕　在关城外城外侧。紧贴北侧外墙的外壕长约260米，外墙东、东南、南侧的外壕长约370米，距外壕

嘉峪关明长城——墙壕

外侧20至30米山坡上还有壕沟。

远墙　亦称壕栅，古人把天然壕沟背敌一侧削凿垂直，增加壕沟跨越难度，达到阻敌通过的目的。罗城西二里处可见。

崖栅　把山坡顶至中部削凿垂直，呈悬崖状，阻敌冲下和攀爬。关城北侧紧贴外壕处有500多米，距北边墙西侧40米至220米的山坡上有670多米。

水壕　分布在新城草湖和边墙间，有两种形态：一是在湿地中在人马能通过的地面挖沟蓄水，阻敌通过；

二是边墙穿过湿地，因潮碱，无法夯筑，遂挖沟连通边墙。现遗迹无存。

山壕 分布在黑山上，位于悬壁长城外侧。

墩壕 卫护墩台的壕沟，小湖儿墩、梧桐墩周围可见。

壕棱 堆积砂石形成墙状结构，阻敌通过。月城就是壕棱。

紮袋 用灌木树枝与泥土层层叠压筑成的墙状屏障，志书记载紮袋存在于新城草湖北，现遗迹无存。

2. 常规路线

游览长城景区：第一墩→关城→悬壁长城

该路线可穿插方特神画、白鹿仓峪泉古街、长城博物馆、中华孔雀苑等景区。也可选择夜游关城。

路线：第一墩→方特神画→白鹿仓峪泉古街→悬壁长城→中华孔雀苑→关城夜游

路程：20公里

出游时间：1天

游览草湖湿地公园：紫轩葡萄酒庄园→野麻湾堡遗址→草湖观景台→沙岗墩→李陵碑→沙丘→新城墓群

嘉峪关市区一半湖水一半绿

路程：26公里

出游时间：1天

游览市区：早晚游览市区内东湖生态旅游景区、迎宾湖生态园区、南湖文化生态园、雄关广场、森林公园等。也可穿插方特欢乐世界、城市博物馆等。

路程：10公里

出游时间：1天

【历史知识】明代军职及军衔

明代军队亦设职务和军衔。职务（由低到高）：把

总、守备、千总、都司、游击、参将、副将、总兵、都督等；军衔（由低到高）：百户、都指挥、千户、指挥、指挥佥事、指挥同知、指挥使、都指挥使等。

据史籍记载，嘉峪关明代军事主官一般为守备、千总，清代设游击将军。据《嘉峪关碣记》碑，芮宁于正德二年（1507）任嘉峪关领操把总都指挥，领操是分工，把总是职务，都指挥是军衔。

3. 徒步参考路线

露天长城博物馆徒步区→悬壁长城→石关峡

从关城北旅游公路旁露天长城博物馆徒步区入口出发，沿途领略崖栅、墩台、墙壕、边墙、营堡等长城，感受古人利用地理条件襄助军事防御的智慧。

嘉峪关露天长城博物馆徒步区

黑山绚丽丹霞

徒步距离：5公里

徒步时间：半天

关城北→露天长城博物馆徒步区→黑山湖

从关城北旅游公路出发，穿过露天长城博物馆徒步区，进入黑山南部，浏览险山、丹霞地貌、黑山湖、墩台等。

徒步距离：8公里

徒步时间：半天

小钵和寺→钵和寺后墩→新城草湖

从新城镇野麻湾村出发，沿途感受大漠戈壁、古道悠远，观赏古关、墩台、边墙、古堡、泛沙泉、古道、湿地等。此路线途经当地的丝绸古道北路，也可称“古道探幽之旅”。建议在向导

嘉峪关副关——小钵和寺

陪同下行进。

徒步距离：20公里

徒步时间：1天

讨赖河峡谷→天生桥→红泉墩

从讨赖河峡谷冰沟口出发（冰沟口离关城28公里），游历张

讨赖河大峡谷

骞受阻处、天生桥、靖边墩。天生桥废弃多年，建议远观，不能攀爬。徒步红泉墩路程15公里，此路线位于祁连山下，冰雪与炎热并存，草甸与清凉陪伴，会有不一样的感觉。建议在向导陪同下行进。

徒步距离：30—40公里

徒步时间：1—2天

黑山雪景

黑山

黑山沟谷险峻纵横，怪石嶙峋，人迹罕至。这里有古采石场遗址、岩刻、古堡、墩台等。建议在向导带领下行进。

徒步距离：8—20公里

徒步时间：0.5—1天

4. 长城防线全域游路线

用7天左右时间，游览嘉峪关明代长城防线全境，参观五类近百处20种长城：

（1）防线景区部分段，参观第一墩、关城、悬壁长城、墩台、边墙、墙壕、城壕、远壕、远墙、山壕、险山、峡谷等，用时1—2天。

嘉峪关石关峡长城

（2）防线黑山西、南段，参观骟马城、双井子堡、新民堡、石关儿堡、镇北墩、上柏杨林墩、下柏杨林墩、黑山儿墩、石烟墩、大草滩墩等，用时1天。

嘉峪关大草滩墩（五墩山墩）

（3）防线黑山东至小钵和寺段，参观黄草营、月儿湾墩、边山墩、上黄草沟墩、断山墩、居中墩、钵和寺西墩、后墩、小钵和寺、东墩等，用时1天。

嘉峪关月儿湾墩

（4）防线新城草湖段，参观新城堡、边墙、半路墩、泛沙泉墩、柳条墩、沙岗墩、梧桐林墩、花城儿后墩、花城儿路墩、钟家墩等，用时1天。

嘉峪关新城堡遗迹

（5）防线野麻湾段，参观野麻湾边墙、横沟屯庄、野麻湾堡、徐家屯庄、红烟墩、横沟墩、横沟腰墩、新墩子墩、镇远墩、界牌墩、野麻湾腰墩、沙坡墩、边壕、内边等，用时1天。

嘉峪关野麻湾堡遗迹

（6）防线祁连山北坡段，参观卯来泉堡、大红泉堡、大庄堡、卯来泉大墩、火烧腰泉墩、靖边墩、小青羊沟墩、红泉墩、天生桥、峡谷等，用时1—2天。

嘉峪关卯来泉堡遗迹

嘉峪关长城防线地貌复杂，辖域广阔，除景区外，其他地域没有既定线路，可通过导游确定线路。以上线路仅供参考，需结伴或向导陪同前行，确保安全是游览前提。

有些徒步路段延伸至周边深山戈壁，还处于未开发状态，周围没有人烟，务必确保安全才能前行，禁止在无人区宿营。

【友情提醒】在徒步区务必做到：

除了照片，什么也不要带走。

除了时间，什么也不要改变。

除了脚印，什么也不要留下。

【人物记忆】嘉峪关的建立者冯胜

冯胜，安徽定远人，喜欢读书，通晓兵法，元末结寨自保，后协助朱元璋建立明朝。洪武五年（1372）壬子正月，明太祖朱元璋派征西将军冯胜远征朔漠。明军节节胜利，当年甘肃皆平。十一月，置甘肃卫于甘州，又置陕西行都指挥使司于庄浪（今永登），统河西诸卫。冯胜由瓜、沙回肃州，相度地形，以为肃州西35公里的嘉峪关地域是河西走廊南北山系拱合最狭窄之处，这里地势险要，南面是嘉峪山（文殊山），北面是黑山，两山对峙，最窄处只有十三四公里，宋元以前，此地有关（玉门关）无城。冯胜慧眼独具，认为此地是封锁河西走廊的理想地带，于是

立于关城脚下的冯胜塑像

决定在嘉峪山与黑山之间的高岗上建关筑城，以此扼控咽喉要道。当年七月始建，于次年筑成周长220丈、高2丈余、厚丈余的土城（注：明代一丈约合2.8米）。初建的土城称嘉峪关堡，是关城内城部分的前身。

冯胜因累积军功而受封为大将军、宋国公。后来遭明太祖猜忌，被赐死。崇祯十七年（1644），追封为宁陵王，谥号“武壮”。作为嘉峪关的选址建造者，他的塑像立于关下。

第二单元

做客嘉峪关

「关照」的由来

在嘉峪关长城博物馆里，陈列着一件特殊的文物——一块木制的牌子。木牌的最上端有两个醒目的大字——「关照」。这是一个清康熙五十六年，也就是1717年使用的出入嘉峪关的通行证。关照是当时的客商行旅出入嘉峪关时必须持有的证件。「关」的本意是门闩，引申为关塞；「照」是公函、证件。「关照」就是出入关塞的凭证。古时的「关照」作用等同于今天人们使用的「护照」，都是用来证明持照人具有出入关卡的合法资格的凭证。嘉峪关在明代是边关、国门，出入须持关照方可通行。今天人们常说的「请多多关照」正是来源于此。

“北漠尘清”石刻

“北漠尘清”石刻

在嘉峪关黑山石关峡内北侧岩壁上，双线阴刻“北漠尘清”，左旁题“大明万历癸巳肃州兵备广陵郭师古书”。明中后期，嘉峪关地域“三面临戎，势甚孤悬”，“北漠尘清”反映出当地军民对边疆安定的期望和渴盼。万历癸巳，即万历二十一年，1593年。

六、到达和离开

1. 民航

嘉峪关机场位于嘉峪关市区东北方向9公里处的新城镇横沟村境内，距嘉峪关火车站约16公里，乘车约20分钟；距嘉峪关南站（高铁站）约20公里；距酒泉市区22公里。机场大巴可通市内各大宾馆。

嘉峪关机场有航站楼1座，面积8300平方米；站坪有机位9个，其中B类3个、C类4个、D类1个、E类1个。2019年，嘉峪关机场完成旅客吞吐量58万人次。嘉峪关机场原名酒泉航空站，是中国西北地区历史最为悠久的机场之一，始建于1938年，1953年7月1日正式通航，1971年改名为嘉峪关航空站，2004年11月28日正式更名为嘉峪关机场，为4D级国内支线机场和欧亚航路重要的国际迫降机场。

嘉峪关出发国内航班、到达嘉峪关国内航班、嘉峪关出发国际航班、到达嘉峪关国际航班具体航班班次及机票价格可通过“携程旅行”网、“去哪儿”网、“同程”网等网站查询。

旅客服务电话：0937-6381202

2. 铁路

嘉峪关站（嘉峪关火车站）位于嘉峪关市迎宾路1号，距市区中心约2.5公里，距嘉峪关南站直线距离7公里。出站即有出租车，随到随乘。通往市区的公交车有1路、2路、3路。

铁路客服电话：12306

嘉峪关南站（嘉峪关高铁站）位于嘉峪关市雄关大道南端，距市中心8公里，2014年11月竣工，并随兰新高速铁路的建成通车而正式投入运营，建筑面积11787平方米，站台规模为3台7线。南站到市区通行10路、12路公交车，出站即有出租车，方便快捷。

嘉峪关南站

南站订票可登录12306中国铁路客户服务中心网。

3. 长途汽车

G30（连霍高速）经过嘉峪关市，共有11个出入口。市区公路可达所有旅游景点。

嘉峪关汽车站位于嘉峪关市兰新西路312号（六岔路东南），每天定时有班车发往省内武威、民乐、张掖、高台、民勤、金塔、玉门、敦煌、酒泉等地和省外乌鲁木齐、哈密等地。

客服电话：0937-6224010

4. 市内交通

嘉峪关市内交通由嘉峪关市公共交通有限责任公司承担运营，公交运营线路覆盖市区所有街道和景点，无人售票，票价1元。另外，出租车随处随时可打，方便快捷，起步价6元。

5. 常用电话号码

嘉峪关市区区号：0937

市内查号台：114

外地查号台：0937-114

天气预报：121

匪警：110

火警：119

交通事故：122

急救中心：120

嘉峪关市志愿者服务中心：0937-6234469

旅游服务电话：12301　12345

嘉峪关市旅游投诉电话：0937-6321626

七、住宿

1. 住宿指南

嘉峪关是一个非常适合旅游的城市，各种档次的宾馆遍布市区。另外还有经济实惠的旅行社和农家休闲屋。每年5月至10月为旅游旺季。信息时代让一切变得简单易行，您可以通过网络查询，挑选适合的宾馆提前预订。即便不预定，当日住宿也不成问题，因为嘉峪关的住宿资源非常丰富，大大小小的酒店和宾馆有200余家。

2. 星级宾馆一览表（三星及以上）

名　称	地　址	电　话	星级
南湖大厦	方特大道1060号	6223855	五星
开通大厦	体育大道东869号	5967775	五星
千禧假日酒店	峪新路156号	6331333	五星
东湖大酒店	迎宾东路1399号	6385588	五星
诺金国际酒店	建设西路66号	6349666	准五星
广场假日酒店	文化南路1799号	6768888	准五星
嘉峪关国际大酒店	和诚东路（与五一南路交叉口）	6303888	四星

名　称	地　址	电　话	星级
长城宾馆	建设西路6号	6225288	四星
嘉峪关宾馆	新华北路1号	6226983	四星
酒钢宾馆	嘉峪关雄关西路2号	6201777	四星
景都假日酒店	体育大道1288号	6788688	四星
天商酒店	大唐路42号	6912222	四星
维也纳3好酒店	兰新东路425号	6235333	四星
丝路花雨连锁酒店	五一南路1316号易都摩尔5—7层	6207000	四星
金煜商务宾馆	迎宾路西6号	5971731	四星
瑞景大酒店	新华南路227号	6925222	四星
全季酒店	新华南路2199-1-18号	6788866	四星
嘉朵酒店	胜利中路1001号	6280888	四星
万辉假日酒店	新华北路78号	6918666	四星
峪宏商务宾馆	迎宾东路426号	6301099	四星
凯鼎大酒店	胜利中路976-27号	6917888	四星
东瑚明珠大酒店	迎宾东路1266号	6373888	四星
水立方温泉度假酒店	南市区花城路1086号	5967968	四星
康辉宾馆	新华中路1599-3号	6203456	四星
兰廷大酒店	迎宾西路1699号	6370222	四星
汇力商务公寓	雄关广场西侧	6311888	准四星
豪海大酒店	共和南路129号	5986888	准四星
晨枫大酒店	玉泉南路109号	6336999	准四星
林苑大酒店	新华中路32号	6203555	三星
国泰大酒店	雄关广场西侧	6326699	三星
东方宾馆	迎宾西路	6301866	三星
泰和大酒店	迎宾东路726-1号	6303333	三星
峪达大酒店	迎宾西路1517号	6229999	三星
王朝大酒店	大塘路美食街43号	6929555	三星
星程酒店	阳关路158号	6321111	三星

名　称	地　址	电　话	星级
宏大宾馆	五一南路2008号	6306688	三星
嘉鑫大酒店	方特大道3779-1-5号	5967788	三星
春山外宾馆	嘉文路788号	6379555	三星
维也纳国际酒店	新化南路111号	6208555	全国连锁
如家快捷迎宾路店	迎宾东路1100号	6315333	全国连锁
如家快捷新华中路方特二期店	新华中路3号	6301333	全国连锁
锦江之星	兰新东路638号	6399806-0	全国连锁
IU 酒店	新华中路8号	6212188	全国连锁
7天优品酒店	钢城路1078-3号	6390088	全国连锁
速8酒店	体育大道1220号	6375566	全国连锁
丽都商务宾馆	兰新西路232号	6372398	锦江之星加盟店

3. 特色宾馆

随着旅游业的发展，为了迎合游客个性化服务的需求，主题酒店连锁店遍布全国。在嘉峪关有诸多主题酒店，无论是亲子游家庭乐，还是和爱人甜蜜约会，或是和朋友聚会，主题酒店都是不错的选择。以下几家主题酒店各具特色，可供您参考。

嘉峪关牧马人青年旅社，位于嘉峪关南市区。

全季酒店（嘉峪关步行街店），位于嘉峪关商业步行街附近。

嘉峪关阳关故人青年旅舍，位于嘉峪关南市区。

戈壁明珠驿站，位于嘉峪关市中心繁华地段雄关西路。

嘉峪关西北人家青年旅舍，位于嘉峪关关城景区北门附近。

嘉峪关逆旅青年旅舍，位于嘉峪关关城景区北门售票处。

舒适的宾馆客房

嘉峪关中华孔雀苑梧桐雅居，位于嘉峪关峪泉镇嘉黄公路南侧50米，中华孔雀苑景区内，入住可品尝到特色美味，观看孔雀。

嘉峪关天乙青年旅社，位于嘉文路。乘坐2路公交车到迎宾五小区（公交站）下。

嘉峪关汇通客栈，位于新华北路。乘坐3路公交车到国家电网（公交站）下。

以上特色宾馆可通过网络查询详细信息，预订或当日入住均可。

4. 民宿（乡村宾馆）

生活在城市之中，面对紧张的工作，难免会让人向往纯粹、简单而悠然的生活。人们对旅游的要求已不再是“有多远走多远”，更多的时候是想带着家人找一些有特色的地方去深入体验，发现生活的不同美感。民宿自然就成了最佳的选择。在嘉峪关就有很多这样的民宿，幽静雅致，素净空灵。这些民宿可通过网络查询详细信息，预订或当日入住均可。

嘉峪关四海缘乡村旅馆，位于嘉峪关火车南站附近。

嘉峪关幸福一家人旅馆，位于嘉峪关市文殊镇河口村三组，有别具农家风味的饮食、休闲采摘区等。

嘉峪关丝路情客栈，位于嘉峪关市文殊镇河口村三组，有烤全羊等特色美食。

嘉峪关朋来旅馆，位于嘉峪关火车南站北100米处。

嘉峪关兴盛园餐乐园，位于嘉峪关市文殊镇河口村五组。

嘉峪关亚龙湾庄园，位于嘉峪关市文殊镇河口村七组，有木屋客栈与木屋别墅，绿荫环绕，雅致自然。

嘉峪关观礼客栈，位于嘉峪关南湖观礼古镇夜光水街。

供销社大院，位于嘉峪关市峪泉镇嘉峪关村七组，北距关城1公里。周围为乡村，有特色火锅。

独具乡村特色的供销社大院

八、饮食

旅游就是看风景、听故事、品美食。吃好、喝好、玩好，不仅是一种体验，更是一种享受。一方面，嘉峪关是一座新兴的移民城市，严格地说，这里没有纯粹的本地传统食品，南来北往的人慢慢定居下来，把天南地北的饮食文化带到了这里。无论是星级宾馆饭店，还是中低档酒店饭庄，川菜、粤菜、湘菜等各大菜系应有尽有。街头巷尾，夜市小摊，全国各地的特色名吃更是种类繁多。所以，嘉峪关齐聚了全国各地的饮食，无论您是哪个地方的人，在这里总能找到家乡的口味，永远不存在吃不到可口的饭菜的情况。另一方面，经过60多年的发展，勤劳聪明的嘉峪关人用独特的手艺制作出许多风味小吃。在这里，重点为您介绍独具地方特色的风味饮食。

嘉峪关九碗席

1. 宴席

随着嘉峪关的发展，具有当地特色的宴席应运而生。各大酒店、宾馆均有不同档次的宴席。嘉峪关人把在外面订餐吃饭叫“下馆子”。当地人逢年过节、婚丧嫁娶、庆生、满月、职务升迁、升学、乔迁等重大活动都要下馆子，即上宴席。宴席有上等席、中等席、普通席、经济席，既可遵照固定搭配“量身定制”，也可照菜单自选，灵活随意。宴席上的菜肴比较讲究，一般来说，默认和遵循这些规则：冷热兼备，荤素搭配，牛羊肉是“硬菜”，海鲜不可或缺，特色小吃不可没有，面食是地方传统主食，汤羹是辅菜。宴席讲究排场，彰显西北人大块吃肉、大碗喝酒的豪爽与诚意。

2. 风味小吃

|麻辣烫（粉）|

嘉峪关麻辣粉

麻辣烫是改革开放初期由四川传入嘉峪关的特色小吃，用土豆粉或红薯粉作为基础食材，配以各种肉食、蔬菜。后衍生为串串香，被广大市民所喜爱。其主要特点是无不可烫，麻辣兼备，香辣可口，价格适中，经济实惠。城区经营麻辣烫的门店随处可见。

|肉夹馍|

嘉峪关肉夹馍

肉夹馍是在西北地区广受欢迎的一种小吃，以大肉夹馍和东部地区的腊肉夹馍为主。肉用铁锅卤制，选料精细，调料齐全，火候到家，加上使用陈年老汤，酱肉酥烂，食之香软可口。

|酿皮子|

酿皮子是西北地区人民喜爱的风味小吃之一。嘉峪关的酿皮以其独到的制作工艺和风味，在西北酿皮子中独树一帜。其做法是先将用优质面粉和好的面团在清水中反复搓洗，使蛋白质与淀粉分离，分离出来的蛋白质俗称“面筋”，蒸熟后切好待用；洗出的淀粉溶于水中，待沉淀后，把上面的清水倒掉，加入少许碱，调成糊状，舀入平底盆中，上笼蒸几分钟即熟。将做好的酿皮子切成条状，配上面筋，加入适量酱油、香醋、蒜汁、盐、辣椒等调拌即可食用。酿皮子入口细腻润滑，酸辣筋道，柔韧可口，是一种大众化的清凉面食，绝好的风味小吃。

嘉峪关酿皮子

鸡汤糊锅

糊锅是嘉峪关、酒泉地区最具代表性的小吃之一，老少皆宜。糊锅分汤和主料两种。汤为鸡汤，将一只整鸡入锅小火炖至肉烂熟，捞出鸡肉撕成丝再放入汤中，加入花椒粉、胡椒粉、姜粉、盐、味精和鸡精，用水、淀粉勾芡，再加入粉皮、碎麻花、面筋等主料。糊锅早中晚均可食用，鸡汤气味香浓，粉皮筋道，面筋柔而爽口，麻花香脆，食之难忘。

嘉峪关鸡汤糊锅

3. 特色美食

| 嘉峪关烤羊肉 |

嘉峪关烤羊肉

烤肉在嘉峪关有着悠久的历史，早在西汉就已经出现。位于嘉峪关市新城镇境内的古墓画像砖上就有烤羊肉串的场景。嘉峪关的烤羊肉讲究现切、现穿、现烤、现吃。在选料时特别讲究，羊肉必须是一年内的羊羔肉，将其肉切成片状、条状或块状，穿在铁扦子上，放在木炭或无烟煤烤炉上，边烤边撒盐、孜然和辣椒面，油黄的肉块，红色的辣椒面，黄绿色的孜然，色香交融，让人垂涎欲滴。嘉峪关烤肉不仅仅限于烤羊肉，还有烤羊排、烤

当地烤羊肉历史可追溯至汉代

羊腿、烤羊肚、烤羊心、烤羊肝、烤羊蹄、烤羊皮、烤羊头等。嘉峪关烤羊肉串被确定为市级非物质文化遗产保护项目。到嘉峪关旅游，不“撸串”就是遗憾。

涮羊肉

涮羊肉又称“羊肉火锅”，始于元代，兴起于清代，早在18世纪，康熙、乾隆二帝所举办的几次规模宏大的“千叟宴”上就有羊肉火锅。后流传至市肆。《旧都百话》云：“羊肉锅子，为岁寒时最普通之美味，须于羊肉馆食之。此等吃法，乃北方游牧遗风加以研究进化，而成为特别风味。”1854年，北京前门外正阳楼开业。其切出的肉，“片薄如纸，无一不完整”，使这一美味更加驰名。“嘉峪关小肥羊”“嘉峪关小羔羊”是驰名省

嘉峪关“冰泉羊”涮羊肉

内外的涮羊肉品牌，“嘉峪关雨鸣洲涮羊肉”制作技艺被列入市级非遗项目。“嘉峪关冰泉羊火锅”立足传统，秘制锅底，糅合南北口味，研制出西北独特的“冰泉羊”火锅，是全国首家自主秘制的新派羊肉系列火锅。

|羊肉粉汤|

嘉峪关羊肉粉汤

羊肉粉汤是嘉峪关传统小吃。选用本地膘肥体壮的羯羊（阉割了的公羊），将其肉洗净切块，清水下锅，放入适量调料，煮熟后剃骨回锅，温火成汤。食用时，将熟肉切成薄片，与粉条、粉丝盛入碗中，舀入沸汤，撒上香菜末、葱末、辣椒油等。观之红黄绿白，闻之香味扑鼻，食之香辣爽口，肥而不腻，有滋补、发热、祛寒之效。

|火锅|

火锅可谓中国独创的美食，历史悠久，是一种老少皆宜的食物。嘉峪关火锅种类繁多，不同类别的火锅底料放入煮沸的清水中就是一锅美味的火锅汤。特制的高汤锅底烧开后可放入各类食材，烫熟后即可食用。嘉峪关的火锅店有百余家。比较有名的火锅店有鼎尚鲜鱼庄、九月椒自助火锅、奇火锅、尚品德盛祥火锅、鸭棚子靓汤坊、巴江水新派火锅、香博苑自助火锅、巴将军火锅、码头故事火锅、小龙坎火锅、香鹅庄火锅等。

| 麻腐饺子 |

嘉峪关麻腐饺子

饺子是一种古老的传统面食，深受广大民众的喜爱。嘉峪关当地流行一种麻腐饺子，是具有地方特色的食品之一。麻腐的制作方法是先把麻籽压碎，然后加入适量的水搅匀，用过滤器滤掉麻籽壳，把滤出的麻籽汁放入笼里蒸一个小时后即制成麻腐。将麻腐拌萝卜丝或土豆丝作馅，即可制作麻腐饺子。麻腐饺子老少皆宜，营养丰富，是素食极品。

| 烤全羊 |

烤全羊是一种历史悠久的美食。西北地区的羊肉，肉质细嫩鲜美，香气浓郁，享誉全国。烤全羊选用的食材是品相上好的两岁羯羊，需要提前将羊体涂抹各种调料炮制，以便充分入味，从开始烤制到肉熟透，要三小时左右，中间要刷十次左右清油，经十多道工序，烤制出来的羊肉色泽酱红，鲜美多汁，油而不腻，外酥里嫩，香味浓烈，毫无膻味。烤全羊既是和家人一同享用的一道独特的美食，又是宴请宾朋的饕餮盛宴。

嘉峪关手抓羊肉

嘉峪关灌猪肠

嘉峪关甲鱼糊锅

嘉峪关油饼卷糕

除了以上特色食品，还有手抓羊肉、灌猪肠、甲鱼糊锅、油饼卷糕等美食。

4. 面点

| 烧壳子 |

在鏊子里烤制烧壳子

烧壳子为河西一带老百姓的传统面食，香脆可口，夏不馊冬不冻，便于携带。在发面中加入适量碱面，将和匀的面团装进烧锅，原始的烧壳子在牛羊粪或麦衣煨好的火灰中煨熟。当地农村人凡遇喜庆事或过年过节，多用烧壳子招待亲友。如今，烧壳子工艺更加精细，味道甘醇，可长期保存。

| 锅盔 |

嘉峪关锅盔

锅盔是西北人烤饼类大家族中的一种，入鏊烤制的叫锅盔、烙饼、干馍、大饼，上笼蒸制的叫蒸饼、馍馍、馒头。锅盔是用发面做成厚寸许的圆形烙饼，为西北群众喜食的风味面食之一。和面时还可加入牛奶、鸡蛋，发酵后擀成圆形抹上清油，卷入姜黄、红曲或香豆面，然后入铁鏊烤制。烤熟后用刀切开，红黄绿相间，层次分明，煞是好看，有的在上面缀以芝麻、茴香，香脆可口，久放不变味。

| 油馃子 |

嘉峪关油馃子

嘉峪关当地油馃子一般分为大油馃子和小油馃子两大类，味道分甜、咸两种。具体操作时，将发面团采用翻、转、挤、压、搓、拧、攥、挑等技艺，做成各种花样图形，用胡麻油炸制。有些巧妇用姜黄、红曲、菠菜汁等色料，和成五色面团，然后捏成各种花鸟形状，经清油炸制后，端上桌待客，油馃子色彩缤纷，吃起来香甜酥脆。这种油馃子多在年节时才做，平时待客为佳品。

| 风干馍馍 |

嘉峪关风干馍馍

每年盛夏时节，当地人都要晾制一些风干馍馍。其做法是取上好细面，蒸出又白又大的馒头，将热气腾腾的馒头一掰四牙儿，用竹筛或透风的芨芨草编的器皿盛起来放在炙热的太阳下晒，三天左右馒头就可以干透，然后收起来随时可吃。晾晒风干馍馍必须要经短时间的暴晒，利用当地气候干燥、日照时间长的特点，晒出的馒头特别脆，有麦香味，且能存放较长时间。夏天西瓜泡风干馍馍，秋天羊肉泡风干馍馍，胃酸的人嚼风干馍馍。风干馍馍为当地百姓所喜食。

除了上述面食，还有锁阳油饼、面筋等。

嘉峪关锁阳油饼

嘉峪关拌面筋

5. 面食

| 油泼面 |

嘉峪关油泼面

油泼面原为陕西特色面食，引入嘉峪关后，成为地方特色食品。将手工擀制的宽厚适度的面条煮熟后捞在碗里，先配上葱花、肉丝、花椒粉、盐等佐料，再撒上辣椒面，浇泼上滚烫的清油，吃时用筷子翻拌均匀。由于面条经油泼烫，表皮焦黄，食时焦辣香脆柔韧兼而有之，深受北方人喜爱。

| 牛肉面 |

牛肉面

牛肉面俗称“牛大碗”。据《甘肃风物志》记载，牛肉面于清光绪年间由兰州回族厨师马保子首创，在百年的发展历程中，不断传承创新拉面技术和汤料烹饪工艺，形成了“一清”“二白”“三红”“四绿”“五黄”的特色。优质的小麦面粉，经厨师的和、揉、饧、抻后，拉成韭叶、二细、三细、毛细、大宽等多种形态的面条，下锅煮熟捞出后，浇上熬制好的牛肉汤，再配以牛肉丁、萝卜片、蒜苗、辣子油等，即可食用，味道鲜美。如今，在嘉峪关市区的主要街巷牛肉面馆随处可见。

|刀削面|

嘉峪关刀削面

刀削面由山西引进，因凭刀削，故而得名，有“面食之王”之称。用刀削出的面叶，中厚边薄，棱锋分明，形似柳叶，内虚外筋，柔软光滑，易于消化，色、香、味俱全。其同北京的炸酱面、山东的伊府面、武汉的热干面、四川的担担面被誉为我国著名的五大面食。嘉峪关当地居民中多有清代、民国时期山西大槐树移民后代，大都喜食刀削面。

|搓鱼子|

嘉峪关搓鱼子

搓鱼子为一种面食，因其成品的形状中间粗、两头尖，酷似小鱼而得名。其做法是用手掌将面条搓成约一寸长的面段，煮熟后加入肉片和香菜即可食用。搓鱼子由张掖传入嘉峪关后，成为当地人喜爱的美食之一。

麻什子

嘉峪关麻什子

麻什子也称疙丁子，是河西地区农村人喜爱的著名小吃。和面要硬，擀成铜钱厚，切成小方面丁，煮熟后捞出浇上羊肉汤料，汤内放有粉条、粉块、豆腐丁、羊肉块及块状菜丁等，稀稠适中，当地人把这种饭叫作“羊肉麻什子”或“小饭”。

拉条子

嘉峪关拉条子

拉条子是嘉峪关地区人们日常的主食之一，家庭或饭馆随处可见。主料为面粉，和面时在温水中放适量食盐，经过揉、揣等工序，将面和成不软不硬的面团，再饧20—30分钟做成面剂，用盆子盖住醒一下，食用时搓圆拉细入锅煮熟，拌以各类炒菜或炸酱即可。上炒锅加料配炒，拌以牛肉、羊肉汤，即为牛、羊肉面；拌臊子汤，即是臊子面。拉条子名目较多，细圆的叫鸡肠子，更细的叫一根线，宽扁的叫扁叶子，窄扁的叫韭叶子；鸡肠子揪成一寸左右的叫炮仗子，更细的叫香头子，扁叶子揪成方形薄片的叫揪片子。食客可以根据自己的习惯点面配菜，享受美味。

| 拨疙瘩 |

嘉峪关拨疙瘩

拨疙瘩是当地人的一种家常便饭。首先取一定量的面粉，将适量的盐放入水中搅拌化开，将盐水一点一点地倒入面中，经反复搅拌，做成面剂，但此时面剂较稀，醒一段时间后放入碗中，等锅里水烧开后，用小铲或一只筷子沿碗沿往锅里拨面疙瘩。面疙瘩两头细中间粗，很像搓鱼子，但搓鱼子是用手掌搓，面硬，而拨疙瘩是“拨”，长5～7厘米，比搓鱼子大一些，煮熟后干拌或浇汤均可，也可与肉或烩菜一起炒着吃。“羊肉拨疙瘩”“鸡肉拨疙瘩”都是美味佳肴。

6. 时令野菜

在食物匮乏的年代吃野菜，只为充饥。如今，随着生活条件逐渐好转，一年四季都能吃上新鲜蔬菜和肉类海鲜。当下，野菜的功效被不断发掘，多数野菜都具有提高免疫力、抗菌消炎、预防高血压、稳定血糖的功效和作用。品尝野菜，不仅是保健，更是一种时尚的体验。嘉峪关市属温带大陆性气候，有广袤的沙漠与戈壁，间或穿插湿地，适合多种野菜生长。常见的野菜有几十种，如蒲公英、面条菜、荠菜、马齿苋、灰灰菜、苦苦菜、蕨菜、水芹、车前子、辣根菜等。

春天来临，万物复苏，正是品尝野菜的好时节；秋夏之际，戈壁滩雨水充足，野菜生长繁茂。无论是酒店、宾馆，还是一般餐馆，抑或是街头小吃，时令野菜都可供给，备受游客青睐。它们系纯天然生长，绿色、安全。

| 灰灰菜 |

灰灰菜别名野灰菜，嘉峪关人称之为灰条，为藜科一年生草本植物。灰灰菜幼苗和嫩茎叶可食用，味道鲜美，口感柔嫩，营养丰富。全草还含有挥发油、藜碱等特有物质，能够防止感染消化道寄生虫、消除口臭。因此，灰灰菜是一种老少皆宜的保健食品。

| 苜蓿 |

苜蓿成熟后原本是动物的饲料，但鲜嫩的苜蓿也是一道时令美味，其上市期很短，大约两周左右。从春寒料峭的三月到清明前后，在田间地头上，在向阳的坡地上，苜蓿已拱破了土皮，先是柔柔的一个芽儿，再是圆圆的两瓣叶儿，几天后芽牵着叶儿使劲地往出抽，胖胖的，嫩嫩的。因为其刚探出了一点嫩芽，一半还埋在土里，您可以带着孩子边玩要边掐，是一种新鲜的亲子游戏，可以在游玩中尽享天伦之乐。鲜嫩的苜蓿芽带有天然的清香，放入滚水中烫两分钟后捞出，用凉水漂过，撒上盐，将烧熟的清油泼上，最后倒点香醋拌匀，就可食用了。

沙葱

时令野菜——沙葱

来嘉峪关，不品尝沙葱是一个遗憾。生活在西北戈壁的人，没有人不知道沙葱的，它是戈壁滩上特有的一种野生植物，味道似韭菜，但没有韭菜那么刺鼻，外形像草，花的形状类似葱花，故而得名沙葱。沙地或戈壁是它生长的集中区域。这种野菜不仅叶和花都可食用，还有药用价值，被誉为戈壁滩上的精灵。夏天一场雨，沙葱便在戈壁上一片片地生长。秋天，当地人竞相将沙葱采撷回家，或炒、或凉拌、或包饺子，荤素皆宜。沙葱猪肉饺子是难得的美食。沙葱还可以腌制成咸菜或制成辣酱长期食用，是绝好的下饭菜。

时令野菜——榆钱

榆钱

榆钱是榆树的种子，形如古钱币，故而得名。《食疗本草》中有对榆钱的食疗作用的记载："榆钱性稍辛，能助肺气。杀诸虫、下气、令人能食；又心腹间恶气、内消之。陈滓者久服尤良。"当今嘉峪关地区，民间仍有在农历三月榆钱成熟时采摘青榆钱的习俗。将新采摘的榆钱筛干净，用清水漂过，拌面粉蒸熟，拌上各种调料即可食用。特点是色泽绿中透黄，形如满盘金钱，清香扑鼻，鲜嫩适口，风味独特。

|野蘑菇|

祁连山是西北地区的生态屏障。冰川、雪山、草原、原始森林孕育了众多天然食材，野蘑菇便是其中之一。祁连山中的野蘑菇种类繁多。野蘑菇自然晾干，即成干蘑菇，味道纯正，回味悠长，是吃火锅、炒菜、拌面的绝佳选择。

|发菜|

时令野菜——发菜

发菜是蓝菌门念珠藻目的一种藻类，广泛分布于沙漠和贫瘠的土壤中，是戈壁滩特有的野生陆地藻类生物，因其色黑而细长，如人的头发而得名，营养价值很高。发菜现在可见的最早记载出自明末清初李渔的《闲情偶记》，“菜有色相最奇而为《本草》《食物志》诸书之所不载者，则西秦所产之头发菜是也，浸以滚水，拌以姜醋，其可口倍于藕丝、鹿角菜。”据传，公元前100年，苏武出使匈奴，被扣在北海牧羊19年，历尽千辛万苦，有“渴饮雪，饥吞毡”的记载，传说他以野菜中的发菜为食。从汉代起，权贵们就常把发菜作为贡品奉献给皇帝食用。据说慈禧太后的菜单上，也有一道“拌发菜”。发菜现为国家一级重点保护野生植物。为了减少大量采撷发菜造成的湿地退化、沙化现象，保护生态环境，发菜的人工栽培技术被推广。发菜制成的菜肴，风味独特，别具一格，又因其与“发财”谐音，具有喜庆色彩，为吉祥之物，也是馈赠亲友的佳品。

九、休闲娱乐

在嘉峪关，除了一些以休闲娱乐为主题的景点外，还有文体、健身、电影院、洗浴、酒吧等场所。

1. 嘉峪关大剧院

嘉峪关大剧院由剧院本体、健身中心、露天演艺广场及水景观区四大主题建筑构成，是全国十大剧院之一，内部功能齐全，目前居西北之首。

2. 嘉峪关体育场

嘉峪关体育场占地面积3万平方米，建筑面积13380平方米。内设国际标准草坪足球场和400米塑胶田径场，固定座椅15000个，带有膜结构防雨棚，是甘肃最大的现代化花园式体育场，可举办一般性国际和国内重大赛事。

3. 嘉峪关体育馆

嘉峪关体育馆位于胜利北路，占地面积3.56万平方米，建筑面积1.28万平方米，可容纳5165名观众。体育馆可举办篮球、排球、羽毛球、手球、乒乓球、大型体操等多项体育比赛和大型文艺演出。

嘉峪关体育馆

4. 明珠文化生态园

生态园位于南市区，全天免费开放。园内有小桥流水，亭台楼阁，花草繁多，树木茂盛，是不可不去的休闲场所。

5. 西部明珠气象塔

西部明珠气象塔位于嘉峪关市东湖生态旅游景区中心广场，是我国西部最高的气象塔，是嘉峪关市的标志性建筑。气象塔是一个集气象监测、气象科普、旅游观光、休闲娱乐为一体的多功能场所。高99米的“海豚”造型气象塔以其独特的造型、舒适的环境、优质的服务吸引着各方游客。塔身上下共20层，总面积5300平方米。立于塔顶，可俯瞰大部分市区，远眺祁连山。

6. 电影院

嘉峪关比较火爆的电影院有5个。其中横店电影院（东方百盛店）位于新华北路12号东方百盛8楼，有7个影厅；嘉峪关市文化数字影城位于新华中路23号，有3个影厅；中影国际影城（天诚广场店）位于新华南路111号天诚广场4楼。

7. 水上娱乐

酒钢游泳馆是嘉峪关市最大的室内游泳馆，位于酒钢职工游乐园东北角。嘉峪关水立方温泉度假酒店位于南市区花城路1086号，游客在这里可以体验东南亚热带雨林风情、韩国汗蒸养生、江南园林休闲娱乐等。

8. 酒馆（酒吧）

酒吧在嘉峪关市的主要交通干道上随处可见。

十、特产

1. 瓜果蔬菜

|野麻湾西瓜|

嘉峪关特产——野麻湾西瓜

西北地区光热资源充足，昼夜温差大，有利于瓜果养分的积累。嘉峪关市新城镇野麻湾村有三十多年种植改良西瓜的历史，在西瓜优植方面掌握了先进的技术和积累了丰富的经验，成了远近闻名的“西瓜种植专业村”。其主栽品种为京欣和超甜京欣。近年来，经过最初的露地土垄种植栽培方式到现在的膜覆盖、无土栽培等种植模式的改进以及品种的更新换代，西瓜的产量和品质得到大幅度提高，西瓜上市时间也提前了两个月，每年5月至8月，消费者均可吃到甘甜可口的露地栽培西瓜。“嘉峪关野麻湾西瓜”外形美观，瓤色鲜红，口感甘甜、沙润清爽，先后获得了农业部（现农村农业部）地理标志登记、农业部无公害产品认证和省级无公害产地认定。每年7月，这里都举办赛瓜节，消费者可以现场免费品尝，现尝现摘，价格非常便宜，每公斤两元左右，甜得你陶醉，沙得你不忍吞咽。

| 泥沟胡萝卜 |

胡萝卜在嘉峪关市新城镇泥沟村种植历史悠久。汉代张骞出使西域，其后开辟了闻名遐迩的丝绸之路，东西贸易往来日益密切，西域的部分瓜果蔬菜传入中原汉土。西域各部族民众被汉人统称为“胡人”，胡萝卜、胡豆、胡瓜、胡桃、胡椒等因此得名。当地在汉代开始屯田，泥沟村水资源丰富，土壤为沙壤耕种草甸土，适宜种植胡萝卜。因其独特的水土和充足的光热资源，所产胡萝卜品质优良，形状整齐，色泽鲜艳，外表光滑，肉质厚，脆嫩多汁，享誉嘉峪关、酒泉地区各大市场，有50%以上的产品被销售到四川、新疆、内蒙古等地，部分产品出口到日本、韩国等国家。2007年，泥沟胡萝卜产地通过了甘肃省农牧厅无公害农产品产地认定评审委员会的认定。2014年，“嘉峪关泥沟胡萝卜”通过农业部农产品质量安全中心审查和专家评审，实施农业部农产品地理标志登记保护。

|嘉峪关洋葱|

嘉峪关市辖新城、文殊、峪泉三个镇，洋葱在三镇均有种植。这里土地资源丰富，日照时间长，昼夜温差大，气候干燥，属典型的戈壁沙漠气候，适宜多种农作物的生长，尤其有利于洋葱等鳞茎类蔬菜作物干物质的积累，是甘肃省优质洋葱的主要产地。嘉峪关洋葱远销全国，出口日本、韩国、美国等国家。

2. 调味及饮品

|新城酿醋|

新城酿醋是用小麦和麦麸为原料。制作过程是将麦子煮熟，掺上醋曲，趁热搅拌均匀，埋在室内地下，发酵7天左右，当闻到醇香味时将其摊开，待凉后装入缸内，加适量水，放在阳光下暴晒。将浸泡、发酵、暴晒长达21天左右的半成品醋糟倒入铺有青色芨芨草的过滤器中再加适量的水，浸泡四个小时后，由过滤器底部滤出基本成型的醋液，再经过100天左右的暴晒杀菌后，方可成为可保质六七年的优质新城醋。新城醋在当地称“黑醋”，有促进消化、降血压、美颜的作用。

|新城五粮酿酒|

俗话说“无酒不成宴”，因此酒坊遍布全国。生料酿酒成败的关键在于酒曲，这种酒曲既能将生淀粉转化为糖，又同时能将糖转化为酒精，而且还要保证有较高的出酒率和较完美的口感。

新城酿造以五粮为原料的保健白酒工艺是一个特殊而又复杂的精密过程，是一项“活文化”，是历代酿酒工艺的结晶，是酿造技艺中的一笔珍贵遗产，具有历史价值。新城五粮保健白酒的甲醇含量不到一般白酒的十分之一，有益身体健康。

| 杏皮茶 |

杏皮茶是西北特有的饮品，以李广杏为原料，用杏皮熬制而成，酸甜可口，清爽浓郁，是饭后解腻的绿色饮品，也是消暑佳饮，兼有开胃生津的功效。

3. 野生补品（中药材）

| 锁阳 |

野生补品——锁阳

锁阳野生于沙漠戈壁，零下20摄氏度最宜其生长，生长之处不积雪、地不冻。锁阳属肉质寄生草本植物，寄生于白刺的根部；主产于甘肃河西走廊、内蒙古阿拉善左旗、新疆阿勒泰、青海海西等地。锁阳含有儿茶素、黄酮、棕榈酸等22种挥发成分，同时还含有15种氨基酸和钙、镁、锌、锰、钾、钠、钴、铬、硒等23种微量元素。现代研究表明，锁阳有助于排除体内有毒物质（如铅等），具有滋阴壮阳、润肠通便、抗癌的作用。锁阳还可制成多种衍生品，其中锁阳咖啡就是锁阳与咖啡奇妙共融的新宠，具有滋阴壮阳、养护肠胃、护肝解酒之功效。

| 肉苁蓉 |

野生补品——肉苁蓉

肉苁蓉是一种寄生在沙漠树木梭梭根部的寄生植物，从梭梭寄主中吸取养分及水分，素有“沙漠人参”之美誉，具有极高的药用价值，是中国传统的名贵中药材。肉苁蓉在内蒙古（阿拉善左旗）、甘肃（昌马）及新疆有分布，具有补肾阳、益精血、润肠道等作用，可辅助治疗肾阳虚衰、精血不足、月经不调、宫寒不孕、肠燥便秘等症。

| 黄芪 |

野生补品——黄芪

中药材黄芪为豆科草本植物蒙古黄芪、膜荚黄芪的根，具有补气固表、托毒排脓、利尿、生肌的功效。黄芪主产于内蒙古、甘肃、山西及黑龙江等地，现广为栽培，生长于向阳草地及山坡。

野生药材——甘草

|甘草|

甘草又名甜草，属多年生草本植物，根与根状茎粗壮，是一种补益中草药。甘草根入药由来已久，在《神农本草经》中，甘草被列为120种“上经”药物之一，有坚筋骨、长肌肉、解毒、久服轻身延年等功效。尤其是甘草的解毒作用，在我国古代医药界和民间都备受青睐。据说，古代人们外出时总随身带着甘草根，以防饮食中毒。甘草多生长在干旱、半干旱的荒漠草原、沙漠边缘和黄土丘陵地带。在嘉峪关郊外的田野湿地，甘草随处可见。

4. 旅游纪念品

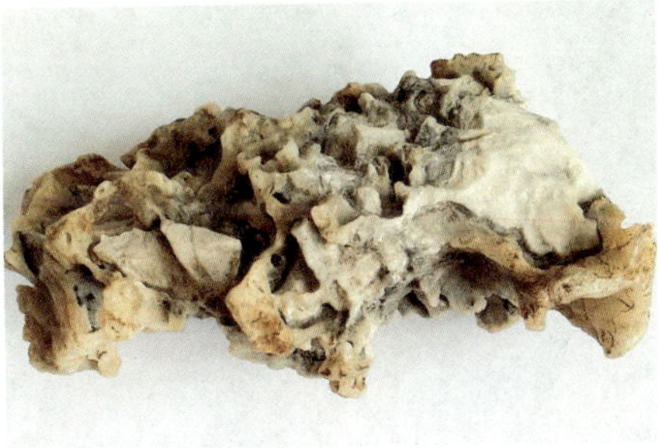

风雨雕

|风雨雕|

风雨雕是经过千百年风雨侵蚀形成的一种奇石，形状天成，鬼斧神工，主要分布于戈壁滩。

风雨雕石艺画

风雨雕石艺画是通过精心构图，把细碎的风雨雕再经过雕琢塑造，拼接粘连，形成的景致或人物艺术品。风雨雕石艺画栩栩如生，呼之欲出，风韵独特，富有诗情画意，充满着浓郁的大漠风情。风雨雕石艺画多次在国内展览会上获得殊荣，成为当地独具特色的旅游产品。

风雨雕石艺画

雄关石砚（嘉峪石砚）

早在一千多年前，古人就用嘉峪石制作砚台。嘉峪石砚是充分利用天然形成的石块，经过巧妙的构思精雕细刻而成的。它古朴典雅，精美无比，具有很高的观赏价值和收藏价值，也是馈赠

雄关石砚——古琴砚

雄关石艺——笔筒

雄关石艺——章料

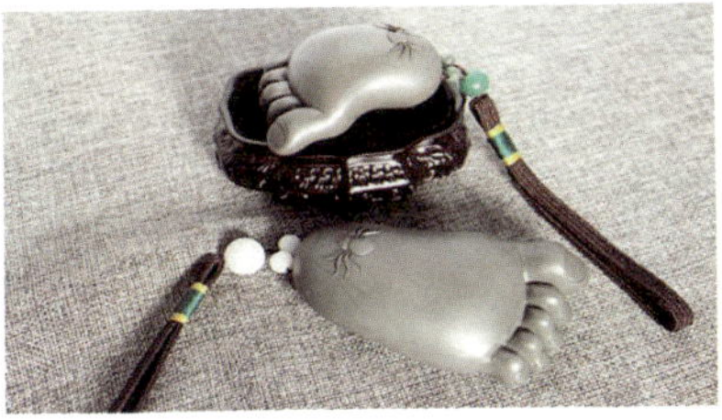

雄关石艺——把件

雄关石艺——茶具

亲友的珍贵礼品。黑山砚石还开发出系列工艺品。

| 夜光杯 |

诗人王翰曾有“葡萄美酒夜光杯，欲饮琵琶马上催”的佳句。夜光杯是中国久负盛名的玉料酒器，甘肃嘉峪关所产的夜光杯是当地的一大特产。嘉峪关夜光杯由祁连山的玉石经精雕细琢而成，造型古朴典雅，杯型独具特色，色彩绚

传统夜光杯

发光夜光杯

丽，莹如翡翠，美酒倾入杯中，立即灿烂生辉。夜光杯既是高档酒具，又是艺术品，具有较高的收藏价值。

| 驼绒画 |

驼绒画是嘉峪关民间艺人创造的一种全国独一无二、带有西部风情的画种。艺人将骆驼各部位不同颜色的毛，浓淡薄厚、疏密有致地粘在一块纸板上，塑造成一个个神采飘逸、栩栩如生的牛、马、驼等形象。驼绒画是室内理想的装饰品，有较高的观赏价值。

| 紫轩酒 |

雄关特产——紫轩葡萄酒

紫轩酒业的10万亩葡萄种植基地地处祁连山北麓没有任何污染的戈壁滩，这里终年气候干燥，日照充足，昼夜温差大，合适的有效积温使这个地区出产的葡萄有很高的含糖量和含酸量。灌溉用水引自祁连山千年冰川的清澈雪水，质地甘醇，养分充足。紫轩酒业的产品包括干型葡萄酒、冰酒、利口酒、葡萄白酒等四大系列20多个品种的葡萄酒，经过精心选择的世界著名酿酒葡萄品种有赤霞珠、美乐、黑比诺、霞多丽、雷司令、威代尔、佳美等。

除了上述旅游纪念品，当地还有酥饼、锁阳咖啡、定城砖茶等食品类纪念品。

第三单元

游览嘉峪关

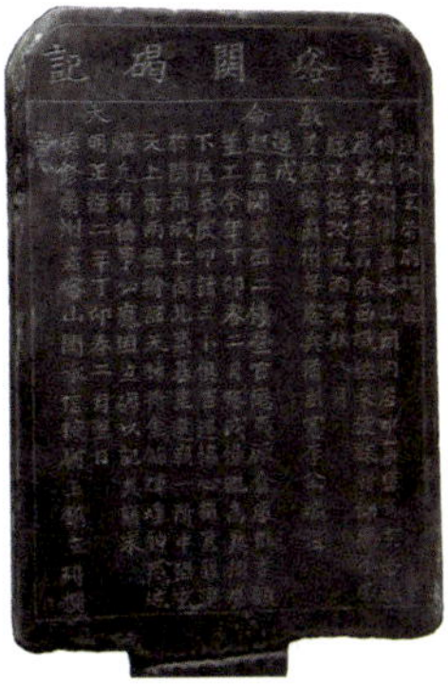

《嘉峪关碣记》碑

明正德二年（1507），负责嘉峪关城内设施建设工程的承信校尉王镇立此碑。碑高43厘米，宽26厘米，厚6厘米。正面刻『嘉峪关碣记』，正面、背面和右侧均刻有文字，记载了翻修关城局部，重修玄帝庙和东西二楼暨官厅、夷厂、仓库的情况。此碑是关于关城建设的珍贵资料，国家二级文物，现藏于嘉峪关长城博物馆。

林则徐过嘉峪关日记

清道光二十二年（1842）九月初七（10月11日），林则徐抵达嘉峪关。林则徐曾任湖广总督、两广总督、两江总督、陕甘总督。他是中国近代史上一位杰出的抵御外来侵略的民族英雄，但因积极禁鸦片，被“革去卿衔，谪戍伊犁”。《林则徐集·日记》九月初七写道：

早饭后起身，出北门，镇、道以下皆送于城（肃州城）外关帝庙。此庙新修，甚宽敞。其后有大方池，池中有舟，可容八人之席，此间为难得，闻系本任总戎珠所浚也。坐谈小顷，即别去。行三十五里为丁家坝，仅有数户居民，其前后则皆荒野，涉过涧河数道。又五里安远寨墩，又十里上腰墩，又五里大沙河墩，又五里嘉峪关，宿关之城外驿舍，梁牧遣丁具膳。是日行七十里，路不甚长，而小石礌砢，无一平路，尚喜大车在肃州城内已换长轴，左右车轮皆离车箱一尺，犹不至颠簸耳。此次大车车箱，长约五尺，宽约三尺，自地至车辕，量高三尺，自车箱至篷顶，量高四尺五寸。

《林则徐集·日记》九月初八写道：

今晨起行，余策马出嘉峪关，先入关城。城内有游击、巡检驻扎。城楼三座，皆三层，巍然拱峙。关内设有号房，登记出入人数。一出关外，见西面楼上有额曰“天下第一雄关”，又路旁一碑亦然。近关多土坡，一望皆沙漠，无水草树木，稍远则有南北两山，南即雪山，北则边墙，外皆蒙古及番地耳。西行四十里至双井，有人家数十户，在隆顺店自饭。玉门令遣丁来迎。饭后又行，则交玉门县界矣。

林则徐日记留下了清代中期嘉峪关珍贵的地情信息。

十一、景区、景点

| 嘉峪关关城 |

到达：乘坐4路、6路公交车在关城景区站下车。

开放时间：5月1日—10月31日8:30—18:00，11月1日—次年4月30日9:00—17:00。

门票价格：5月1日—10月31日，110元／人；11月1日—次年4月30日，均为90元／人。此票与悬壁长城、长城第一墩联票。

嘉峪关关城是明代长城沿线千余个关隘中最雄险的一座，至今保存完好，因地势险要、建筑雄伟而被称为“天下第一雄关”；为国家级重点文物保护单位，世界文化遗产，AAAAA级景区。

嘉峪关关城地处文殊山和黑山之间，坐东向西，“关在南北两山间”，东距嘉峪关市区5公里；始建于明洪武五年（1372）；由内城、外城、瓮城、罗城等组成，是嘉峪关防御体系的指挥中心。

保存完整的嘉峪关关城

内城是关城的主体和中心。内城外缘周长640米。东城墙长154米，西城墙长166米，南北城墙各长160米，呈梯形，面积2.5万平方米。城墙高9米，加上垛墙，总高10.7米，底基厚6.6米，上宽2米，顶部走道均用砖铺路面。外侧有青砖砌的垛墙，高1.7米。每个垛上均设有瞭望孔。内城有东西二门，东门门额刻“光化门”，西门门额刻“柔远门”。两门均为砖砌拱券门洞，深20.8米，宽4.2米，高6.4米。门洞基础和地面均用长方形石条砌筑。两门洞均装有铁皮包钉黑漆双扇门。两门内北侧紧贴城墙均建青砖铺筑的斜坡马道，长22.2米，宽2.7米，外侧有护道墙，直达城顶。接地道口处建有砖木结构的门楼和土坯砌的照壁。东西二门城墙顶上均建有城楼，形制基本相同，高17米，为三层三檐木结构歇山顶式楼阁。南北城墙无门，墙头居中筑敌台，台上建敌楼，一层三间。城墙四角各建方形砖砌角楼一座，二层单间。角楼亦称戍楼，为哨位。

关城上的敌楼

关城瓮城

敌楼　西瓮城外20米处建有一道凸形墙，南北两端与外城墙连接（外城墙又与边墙连接），构成外城。这部分城圈叫罗城。砖包城墙全长287米，石条砌基。基厚7.5米，上宽5.3米，高9米。墙中间是关城的正门，门额镶额题“嘉峪关”三字。门洞为砖砌拱券式，深25米，高6米，宽4米。用巨型石条铺地，安铁皮黑漆双扇门。罗城内侧南端有一条砖铺马道，直通城墙顶部。顶部有砖砌垛口133个。罗城南北各有箭楼一座。

瓮城　关城的东、南、北三面用黄土砌筑城郭，称外城。西端与罗城南北两端相接，并在此连接边墙。外城全长1263米，墙上有垛和瞭望孔。东闸门是外城门，门洞高4.2米，宽3.8米，深10.6米。两侧石条砌基，砖砌壁，壁嵌36根方木支柱，上搭方木

关城外城

关城关帝庙

位于关城内城的游击将军府

关城戏台，电影《新龙门客栈》于此取景

棚架。门顶建有门楼。外城内还建有文昌阁、戏楼、关帝庙、墩台等。

内城东、西门外均有瓮城回护，劈门均向南。门额位置分别题“朝宗”（东）和“会极”（西）。瓮城用黄土砌筑，与内城墙同高。上部外有垛墙，内有宇墙，与内城相同。两瓮城门顶城台上均建阁楼，坐北向南，为一层小三间式。瓮城门洞为砖砌拱券式，地铺长方形石条，安铁皮黑漆双扇门。

汉代在此设酒泉塞，古道（丝绸之路）穿城而过。明代筑城，统领封锁河西走廊的长城防御体系。以关城为代表的嘉峪关长城是长城文化的百科全书。

关城内城

气势磅礴的嘉峪关关城

| 长城第一墩 |

到达：乘坐出租车前往。

开放时间：5月1日—10月31日8:30—18:00，11月1日—次年4月30日9:00—17:00。

门票价格：此票与悬壁长城、嘉峪关关城联票，5月1日—

讨赖河墩俗称“长城第一墩”

10月31日，110元/人；11月1日—次年4月30日，均为90元/人，单程游21元/人。

长城第一墩又称讨赖河墩，建于明嘉靖十八年（1539），北距嘉峪关关城7.5公里，墩台矗立于讨赖河边近60米高的悬崖之上。这座墩台残高约7米，其底部呈不规则正方形，底宽14米，内部仍呈正方形，长宽均为6米。用黄土夯筑而成，夯土层厚10—20厘米。墩东侧立石“长城第一墩”，碑文由已故的西路军将领魏传统题写。长城第一墩旅游景区跨讨赖河峡谷，面积约3.22平方公里，包括墩台、墙壕、边墙等，以及综合服务区、讨赖河滑索、讨赖客栈、天险吊桥、“醉卧沙场”雕塑群、“中华龙林”等旅游项目。讨赖河峡谷险峻奇绝，是天然长城。长城自第

位于讨赖河峡谷北峭壁顶部的讨赖河墩

讨赖河峡谷中的兵营

一墩继续往祁连山延伸。该景区是一处集观光、探险、休闲、娱乐、怀古游历和拍摄影视场景于一体的好地方。

|悬壁长城|

到达：乘坐4路、6路公交车，到达关城景区站下车后再乘坐出租车前往。

开放时间：5月1日—10月31日8:30—18:00，11月1日—次年4月30日9:00—17:00。

门票价格：此票与嘉峪关关城、长城第一墩联票，5月1日—10月31日，110元/人；11月1日—次年4月30日，均为90元/人，单程游21元/人。

倚凭黑山、有“西部八达岭”之称的悬壁长城

悬壁长城及外侧山壕

悬壁长城位于嘉峪关关城北8公里处石关峡口北侧的黑山北坡。明嘉靖十八年（1539），为了加强嘉峪关的防御，肃州兵备道李涵在暗壁以外，峡南侧的山头上，监筑了一条长15公里的片石夹土墙，使关城防御更加严密，古称“断壁长城”。因城墙自山上陡跌而下，封锁了石关峡口，俗称“悬壁长城”。悬壁长城原墙现只余一截，底阔4米，上宽2米，高0.5—6米不等。片石层厚10—15厘米，土层厚10—12厘米。现存750米长城经1987年重修，其中有231米城墙悬挂于高150米、倾斜度为45度的山脊上，高达6米，片石、土层厚度如旧。在墙头增筑垛墙和宇墙，首尾各添筑一墩台，在首墩和山坡上筑台阶式漫道。石关峡口南侧山上为石关峡长城，与悬壁长城共同封扼此地。紧贴悬壁长城西侧墙脚下有一道壕沟，为山壕。

|新城墓群|

到达：乘坐汽车站至新城镇的公交车，在魏晋墓站下车，或乘坐出租车。

开放时间：8:30—18:00。

门票价格：31元/人。儿童和省外60—70岁老人（持有效证件）16元/人，70岁以上老人免票；省内60岁以上老人（持有效证件）免票。

新城墓群位于距离嘉峪关市东20公里的新城镇南侧的戈壁滩上，占地13平方公里，有古墓葬1700多座。嘉峪关市先后清理发掘了18座墓葬，其中9座为较大型的砖室墓，有二室墓，也有三室墓。形制、结构大体相同。每座墓都有坐南向北的一条长而深的斜坡式墓道和高达9—11米的门楼。墓道两侧的墙壁用绘有青龙、白虎、朱雀、玄武图案和花纹的方砖砌成。墓室四壁皆以干砖叠砌，顶部为砖砌覆斗形结构。壁砖上绘有彩色壁画。从壁画内容判断，以描绘墓主人生平、表现墓主人生前生活为主。新城墓群虽然是大规模豪华墓葬，但至今没有确定的墓主，没有找到史籍记载，没有后人认领和祭奠，仍然是考古之谜。它可能隐含着怎样的秘密，见本书第四单元“扑朔迷离的地下画廊”。

五号墓于1973年5月整体搬迁到甘肃省博物馆。目前正式对外开放的只有六号和七号墓。

亮点和看点　墓群壁画中最为有名的是五号墓的《驿使图》——全国邮政的标志。在1982年中华全国集邮联合会第一次代表大会上，邮电部选中《驿使图》为邮票图案，专门单独发行 J85“中华全国集邮联合会第一次代表大会”纪念小型章一枚。

地下画廊——新城墓群

画面直观、栩栩如生的壁画

从此《驿使图》成为中国邮政的“形象大使”。《驿使图》究竟在表达什么，驿使手持的信里写了什么，见本书第四单元“扑朔迷离的地下画廊”和“驿使图的秘密”。

| 嘉峪关草湖湿地公园 |

到达：乘坐汽车站至新城镇的公交车，在草湖站下车。

开放时间：全天。

门票价格：免票。

嘉峪关草湖湿地公园位于嘉峪关市东北部新城镇境内，为国家湿地公园。该湿地公园是讨赖河湿地的一部分，包括草本沼泽湿地、灌丛沼泽湿地和库塘湿地。独特的自然地理环境造就了草湖湿地内沙漠、绿洲、湿地、湖泊共寓一境的景观。同时，湿地也孕育了丰富的生物多样性资源，草湖湿地内植被以沙生植物和

新城草湖

湖区古墩

水生植物群落为主，共有野生高等植物66种；野生动物有142种，以鸟类居多，鸟类又以水禽数量居多，草湖湿地因此也成了鸟类迁徙的重要停留地、栖息地、繁衍地，形成了一个较为完整的生物多样性综合体。草湖湿地公园总面积3000公顷，核心区面积13.79平方公里，其中湿地面积4.886平方公里，按照功能划分为保育区、生态恢复重建区、宣教展示区、合理利用区、管理服务区五个区域；有草湖、芦苇荡、泛沙泉、胡杨林、狼行湾、烽燧遗址、李陵碑等景观。

古代新城草湖是河西走廊最大的湿地之一，水草肥美，宜耕宜牧，为多民族居牧地。汉代、明代设马厂。古道（丝绸之路）自草湖西侧分岔，北路穿过野麻湾通小钵和寺。草湖还是明代嘉峪关防线的组成部分，是肃州（酒泉）北部的天然屏障，湖区分布大量墩台、营堡，明清在此多次发生战事。

| 紫轩葡萄酒庄园 |

到达：乘坐汽车站至新城镇的公交车，在紫轩葡萄酒庄园下车。

开放时间：9:00—17:30。

门票价格：50元/人（身高1.4米以下儿童免票；军官、记者、导游、残疾人、60岁以上老人凭相关证件免费），如需品酒，票价分别为90元、120元。

紫轩葡萄酒庄园位于机场路5396号，总占地面积为65.4万平

紫轩酒业大门

方米。自2005年6月开工建设以来，庄园建有压榨、发酵、储酒、灌装、研发中心等具有国际先进水平的葡萄酒生产设施，主要设备引进了法国压榨机、德国错流过滤机、意大利灌装生产线、法国和美国橡木桶。13700平方米的紫轩1号窖是目前亚洲单体面积最大的葡萄酒酒窖。紫轩葡萄酒庄园于2010年4月被国家旅游局（现中华人民共和国文化和旅游部）评定为国家 AAAA 级工业旅游景区。庄园在以酿酒为核心功能的基础上，以葡萄酒的八个酿制基本步骤为主要内容：收获→去梗→榨浆→发酵→硫化处理→混合酒→装瓶→封瓶。庄园围绕葡萄酒这一主题，以欧洲小镇的

亚洲最大的单体酒窖——紫轩酒窖

鸿翔孔雀苑

建筑风格为蓝本，配备会员制小型高级休闲会所、主题休闲区、专业地下酒窖和鉴赏中心等特色功能区。

| 中华孔雀苑（鸿翔孔雀苑）|

到达：乘坐4路、6路公交车在关城景区站下车后再乘坐出租车前往。

开放时间：9:00—17:00。

门票价格：35元/人（身高1.2米以下儿童、甘肃籍60岁以上老人、省外70岁以上老人、军官、残疾人持相关证件免费）。11月1日—次年3月31日免票。

该景点位于嘉峪关市嘉黄公路南侧，为AAAA级景区。中华孔雀苑是国内最大的蓝孔雀主题公园。占地20多万平方米的高科技综合生态景区，集旅游观光、休闲度假、蓝孔雀种群繁育、规模养殖于一体，景区内有数千只孔雀，设有大型生态孔雀观赏、甘肃特色文化餐饮、古味茶社、休闲居所、小剧场、艺术会所、红酒廊7大休闲区域。

蓝孔雀争相斗艳

十二、公共景区、园区

东湖生态旅游景区

到达：乘坐3路、5路公交车在东湖站下车。

开放时间：全天。

门票价格：游园免票。

游览气象塔门票价格：散客30元/人，团体15元/人。

东湖生态旅游景区位于嘉峪关市南市区，规划总占地面积165万平方米，湖面面积57.87万平方米，其中一号湖4.73万平方米，二号湖12.53万平方米，三号湖40.61万平方米。景区内种植各类树木7.2万株，绿化总面积90万平方米。景区充分体现了“三池水，一片绿”的特色风光，使人与自然融为一体。湖水从双泉水库引水至一号湖，利用3.5米高差、640米长的飘带河流入二号湖，经过2米落差滚水坝进入三号湖。三号湖蓄水主要供给嘉东工业园区及酒钢高科技养殖园。景区建有景观凉亭、绿色

嘉峪关东湖生态旅游景区与城市融为一体

游廊、拱桥、码头、瀑布通廊、铁人三项赛纪念雕塑和体育赛事转换区、西部明珠气象塔等设施。该景区已成为嘉峪关市最大的集休闲娱乐、观光旅游、体育健身和承办国内外体育赛事于一体的综合性生态旅游景区。2006年8月，景区被国家体育总局和嘉峪关市政府确定为“国际铁人三项赛”训练基地；2011年，被国家旅游局（现中华人民共和国文化和旅游部）评定为AAAA级旅游景点。

亮点和看点　景区内的气象塔采取核心混凝土筒体结构为主

嘉峪关东湖生态旅游景区

要的受力结构，外形采用了复杂的空间网壳结构海豚造型，节点采用钢管相贯的连接形式。塔高99米，由裙楼、筒体、网架结构、球体等组成，共二十层，地下二层，地上十八层。其中，一层是气象科普展区，二、三层是休闲娱乐区，十四、十五层是高空观光区。该气象塔是国内首座集科普教育、观光旅游和气象观测为一体的综合性气象塔，已成为城市形象标志。

| 讨赖河峡谷 |

到达：乘坐出租车前往。

开放时间：全天。

Ⓢ 门票价格：免票。

讨赖河发源于祁连山深处的青海省辖地，从祁连山北麓的冰沟口出山，入嘉峪关境内。经万年冲刷，从狼尾山到兰新铁路嘉峪关大桥段，形成了长约50公里、深50—100米、宽数十米至200米的深壑峡谷。峡谷蜿蜒曲折，雄奇壮观，每到春、夏、秋洪水季节，河水一泻而下，轰鸣如雷。在冰沟口讨赖河上有一座铁索桥，桥高120米，从桥下昂首看桥，犹如天上彩虹。峡谷边除了河口墩、第一墩外，还有靖边墩、天生桥、张骞受阻处等。游览峡谷，可溯流而上。

讨赖河峡谷是天然长城，是嘉峪关建关最重要的依凭。

地质公园——讨赖河峡谷

嘉峪关南湖文化生态园

嘉峪关南湖文化生态园中的龙王滩

| 南湖文化生态园 |

到达：乘坐9路公交车在讨赖河公园站下车。

开放时间：全天。

门票价格：免票。

位于嘉峪关南市区的南湖文化生态园是以水文化、水景观为主题的文化生态园。生态园结合水利工程建设，运用科技手段，融科技、科普、教育、娱乐、休闲于一体。在整体布局上，由溪涧、湿地、水湾、群岛、湖泊等形态各异的水体空间组成，顺应了西高东低的整体地势；形成丝路风情区，惠泽九州区，水之风采区，长城文化传承区，东、西入口文化景区；围绕水系，建设水韵大道、云海九子、水文化博物馆、丝路文化园等36个主要景点。五颜六色的乔木、灌木、鲜花在这里安了家，近60公顷的荒滩经过整治变成了寸土寸绿的风景线。

亮点和看点　每到夜晚，讨赖河上大型彩色音乐喷泉伴随着曼妙的音乐喷射着数十米高的缤纷水柱，与南岸雕梁画栋的夜光楼一起，形成河楼相依、水幕迭起、光影摇曳的美景；不远处的新文大桥上霓虹闪烁，缤纷的灯光倒映在河中，光影交错，分外好看。

| 迎宾湖生态园区 |

到达：乘坐1路、12路公交车在批发市场站下车，乘坐13路公交车在批发市场站或迎宾湖东门站下车。

开放时间：全天。

门票价格：免票。

景区位于迎宾西路北侧，占地面积88万平方米。迎宾湖水域面积24万平方米，库容135万立方米，蓄水深度6.7米，环湖一周2100米。北部的“甘肃湖”水域面积2.4万平方米。景区内种植各类乔灌木、常青树6万余株，种植草坪、花草40万平方米，绿化面积80万平方米。绕迎宾湖围栏建有2100米长的文化长廊，悬挂1011幅图画，分为丝路文化、自然风光、成语故事、寓言故事、历史人物、爱国教育、中外人物等10多个篇章。园区内建造有瀑布1处，音乐广场1处，湖心岛1座。景区东侧建有廉洁文化园，塑有文天祥、海瑞、包拯、林则徐等10余位历史著名清官雕塑及其廉政名句。

嘉峪关迎宾湖廉洁文化园

|雄关广场|

到达：乘坐1路、9路公交车在绿景苑站下车，乘坐5路、8路、12路公交车在雄关广场站下车。

开放时间：全天。

门票价格：免票。

广场位于新华南路南转盘南侧，占地总面积11.8万平方米，花池绿地面积3.27万平方米。雄关广场有44.6平方米彩色显示屏1个，长125米、反映嘉峪关历史文化的双面浮雕墙1座，5400平方米的下沉式广场1处，音乐喷泉、叠泉及水坡各一处，十二生肖及各类雕塑29件，源头水假山1座，适合不同年龄人群的体育健身设施10处。广场以历史与现实交融、人与自然和谐为主题，为居民提供良好的休闲、娱乐、健身场所。

嘉峪关雄关广场

嘉峪关迎宾湖生态园

嘉峪关森林公园

森林公园

到达：乘坐10路公交车在体育馆站下车。

开放时间：全天。

门票价格：免票。

位于胜利北路西侧的嘉峪关森林公园，全园以东西走向的广场为景观中轴线，左右点缀景观。广场以南有帐膜亭供游人休憩娱乐；广场以北有植物迷宫、木平台、仿古廊亭、人工湖、七星连座、沙坑、健身器材、花架等，集休闲、娱乐、运动为一体。森林公园约2公里的主路路面全部铺设塑胶跑道，总面积达到8000平方米。

嘉峪关关城脚下的白鹿仓峪泉古街

| 白鹿仓峪泉古街 |

到达：乘坐4路公交车在丝博园站下车。

开放时间：全天。

门票价格：免票。

嘉峪关白鹿仓峪泉古街位于嘉峪关关城以东，占地434亩，是集文化、旅游、景观、购物、餐饮、住宿、休闲娱乐等功能为一体的商业文化古街。业态区划分为文化展示、美食餐饮、特色购物、休闲娱乐、酒店民宿、主题广场和配套服务等；包含了通关集市、峪泉汤池、河西风情街、丝绸之路风情街、大剧场、古建会所、博物馆群等主题文化区。其中丝绸之路风情街是以隋唐西市遗址为依托、丝绸之路文化为主题、盛唐百业为形式、仿古建筑为载体的国际化体验式商旅文化街区。在白鹿仓峪泉古街，隋唐文化广场、"筑造大兴"巨型浮雕、日本法隆寺五重塔、韩国地藏王菩萨、阳关城楼、克孜尔石窟壁画、印度红堡、尼泊尔菩提树、柬埔寨吴哥窟、波斯广场、伊斯坦布尔巴扎、威尼斯水城、罗马广场等文化景点在这里相连成趣。

| 露天长城博物馆徒步区 |

到达：乘坐出租车或徒步。

开放时间：全天。

门票价格：免票。

露天长城博物馆徒步区位于关城北侧2.5公里至4公里处，旅游公路西侧。区域内有边墙、崖栅、墙壕、墩台等明长城遗迹。

嘉峪关露天长城博物馆徒步区

位于嘉峪关露天长城博物馆徒步区的崖栅长城

在这里可感受古人利用地理襄助防御、因地制宜修筑长城的智慧。

|崖栅长城遗址|

到达：乘坐出租车或徒步。

开放时间：全天。

门票价格：关城北侧的崖栅在关城景区内，露天长城博物馆徒步区的崖栅免票。

崖栅就是把山坡顶部至中部削凿垂直，呈悬崖状，阻敌冲下和攀爬。关城北侧紧贴外壕有500多米崖栅。在露天长城博物馆徒步区内，距关北边墙西侧40米至220米的山坡上有670多米崖栅。崖栅是因地制宜修建的堑类长城，在地理复杂的嘉峪关防线分布较多。

嘉峪关野麻湾堡遗址

野麻湾堡遗址

到达：乘坐汽车站至新城镇公交车，在野麻湾站下车。

开放时间：全天。

门票价格：免票。

野麻湾堡遗址位于嘉峪关市新城镇野麻湾村东南1.5公里，公路南侧，距关城19.5公里，筑于明万历四十四年（1616）。该堡由黄土夯筑，平面略呈方形，周长476米，西窄东宽，呈梯形。西面和北面的城墙遗迹比较清晰完整，残高9.9米，底厚7.7米，顶宽2.0—3.8米不等。城墙上有宇墙，宽、高均为90厘米。东墙外有瓮城遗迹，长13.4米，城门处尚有5.7米的缺口。东门内北侧有一斜坡土筑马道，高7.4米，长17米，上宽2米。对面西墙内侧原来也有同样高度的木梯马道，墙上尚存木桩洞眼。该堡西、北两面墙体保存完整，东、南两面残缺严重。明代驻军150名，设把总。堡内曾有房舍、庙宇、街市等，现遗迹无存。堡东北曾有庙宇群，设三官楼、雷祖庙、娘娘庙、马王庙等，现遗迹无存。堡周围分布有大量长城遗迹。

十三、博物馆

| 嘉峪关长城博物馆 |

到达：乘坐4路、6路公交车至关城景区下车。

开放时间：5月1日—10月31日8:30—17:00，11月1日—次年4月30日9:00—16:00。

门票价格：凭嘉峪关关城门票参观。

嘉峪关长城博物馆于1989年3月在市区新华南路建成，是我国第一座以展示长城历史文化为主题的专题性博物馆。长城博物馆占地面积2800平方米，陈列厅分上下两层，设七个展厅。博物馆新馆于2003年5月1日在关城文物景区建成并对外开放。新馆占地面积4523平方米，建筑面积4399平方米，陈展面积2700平方米，基本陈列为“中华之魂——长城历史文化陈列”。展览采用大厅式与贯通式相结合的布展方式，分四单元六个展厅，共有展板121块，文字1.5万余字，图片142幅，模型20个，文物242件（套），复制文物38件（套），立体浮雕11组，浮雕110平方米，图表36幅。展览以明长城嘉峪关关城为依托，以河西长城为展示重点，全面展示长城所代表的民族性格和民族精神。馆藏文物2252件（套），其中国家级珍贵文物297件（套），主要有汉简、长城砖、石碑刻、瓦当、脊兽，长城工牌、腰牌、令牌、关照，以及兵器、火药、服装等。

嘉峪关长城博物馆

嘉峪关城市博物馆

| 嘉峪关城市博物馆 |

到达：乘坐3路、5路公交车在城市博物馆站下车。

开放时间：周二至周日9:00—17:00，周一闭馆（法定节假日除外）。

门票价格：免票。

嘉峪关城市博物馆位于五一南路1379号，于2008年在原科技馆基础上改建而成。城市博物馆占地面积1.9万平方米，建筑面积1.1万平方米，展厅面积6520平方米。展示内容分为辉煌、历史、展望三个篇章，有序厅、展示厅、公示厅、临展厅四个展厅。博物馆以反映城市历史与发展建设的珍贵图片和实物展示为基础，重点记录了嘉峪关建市以来的发展历史。图片展示以180度环幕影片的形式展现城市未来的发展蓝图，充分体现了“城市、人文、环境、发展”的展览主题。嘉峪关城市博物馆是一座集宣传、教育、观光、休闲等功能于一体的现代化博物馆。

城市博物馆是AAA级旅游景区、甘肃省爱国主义教育基地。

嘉峪关南湖民俗博物馆街

| 南湖民俗博物馆街 |

到达：乘坐9路公交车在讨赖河公园站下车。

开放时间：全天。

门票价格：免票。

南湖民俗博物馆街位于讨赖河北岸商业休闲街，建筑面积6800平方米。建筑风格为明清简徽风格。已建成的嘉峪关丝绸之路史前文化博物馆、雕刻时光老相机博物馆、陶艺制作馆、红色文化展览馆、华夏石宴、嘉峪关唐卡艺术馆、明清红木家具博物馆、民间美术馆、嘉峪关水利馆、嘉峪关瓷器博物馆、过往岁月、票据生活、旧日情景、邮票卡博物馆全部对外开放。南湖民俗博物馆街集中展现了嘉峪关独特的历史文化、地方民俗等优秀文化遗产。

位于白鹿仓峪泉古街的御庆博物馆群

| 御庆博物馆群 |

到达：乘坐4路、6路公交车在丝博园站下车。

开放时间：全天。

门票价格：免票。

御庆博物馆群位于白鹿仓峪泉古街，建筑面积13000平方米。该博物馆群以传承丝绸之路文化、西域文化、长城文化为主题，集展示、交流、研学、鉴赏、创作、体验等功能，共包括史前文物，中西亚陶瓷器，古生物化石，古玉器青铜器，中外钱币，中外美术字画，红色文化，石艺术、民俗艺术、本域文化特产及文创产品等展厅。目前已开放展厅展出各类藏品3600余件，不乏珍品奇货。

|雄关博物馆|

到达：乘坐5路公交车在亲水湾站下车。

开放时间：全天。

门票价格：免票。

雄关博物馆位于和诚东路亲水湾15号，占地面积1200平方米，馆藏有自新石器时代以来的高古陶瓷等文物上千件。

十四、游乐园

|方特欢乐世界|

到达：乘坐9路车在方特欢乐世界站下车。

开放时间：周一至周日10:00—17:30，节假日10:00—19:00。

门票价格：标准票240元/人，儿童、老人票180元/人。

嘉峪关方特欢乐世界位于嘉峪关市南市区方特大道，它是目前甘肃规模最大的高科技第四代主题公园，被誉为“东方丝路明

嘉峪关方特欢乐世界

珠”。与传统的主题公园不同，方特欢乐世界的游乐项目大多采用交互、体验、参与的表现形式，以中国文化和高科技互动为特色，以国际最先进的4D动感影像技术为手段，或惊险刺激，或新奇有趣，老少皆宜，寓教于乐，能够带给游客耳目一新的欢乐体验。在嘉峪关方特欢乐世界，游客可以体验国际一流的高空飞翔体验项目“飞越极限”、中国独创的大型探险项目“唐古拉雪山”、跟踪式立体魔幻表演项目“魔法城堡”、大型主题漂流历险项目“激流勇进”等。嘉峪关方特欢乐世界的部分项目为室内高科技体验互动型项目，不受天气影响。

|方特丝路神画|

到达：乘坐4路公交车在丝博园站下车。

开放时间：10:00—17:30。

门票价格：标准票280元/人，儿童、老人票199元/人。

嘉峪关方特丝路神画位于嘉峪关关城景区东面，占地面积约1000亩，总建筑面积11万平方米。关城、方特两大旅游目的地“一古一今、一静一动、一旧一新”，相得益彰。嘉峪关方特丝路神画主题乐园共包含45个大型室内外主题游乐项目及休闲、景观项目200余项，既适合家庭亲子休闲旅游，也适合年轻人寻奇探险，是一座老少皆宜的主题乐园。与嘉峪关方特欢乐世界不同的是，方特丝路神画园区主题项目以丝路文化、长城文化、华夏历史文化、边塞古城文化、民俗文化等多种文化主题为创意基础，以弘扬中国传统文化、丝路文化为目标，给游客带来一场身临其境的文化穿越之旅。丝路奇遇、敦煌瑰宝等项目引领游客梦回西域重走丝绸之路，领略丝路文化艺术瑰宝的魅力；九州神韵、孟姜女项目重现万里长城的震撼，让游客感受穿越千年，感受中华五千年沧桑巨变；梁祝、牛郎织女、神州塔等项目以独具匠心的“黑科技”让游客亲历千古流传的经典神话、传唱千年的爱情传奇；惊险、刺激的丝路流星、极地快车、玄天伞、神州塔等项目让游客有机会体验失重和离心状态下的惊险之乐；梦幻水世界内各种生动有趣的水特技设备，让游客置身于奇幻的水世界中。

嘉峪关方特丝路神画局部

十五、可以自由选择的景区、景点

|黑山岩画|

黑山古称“洞庭山”，为马鬃山支脉，属河西走廊北山。山顶浑圆，山势陡峭，沟壑纵横，怪石嶙峋，山间有泉水、溪流，草木丛生。黑山大部位于嘉峪关市区西北10—20公里范围，黑山南麓及东麓的四道股形沟、红柳沟、石关峡口、磨子沟、交河沟口、焦蒿沟内，总共有200余幅岩画，刻凿方法主要有磨刻法、敲凿法、线刻法，画面以舞蹈、狩猎、人物、动物、佛塔等为主，尤以反映野

全国重点文物保护单位——嘉峪关黑山岩画

嘉峪关黑山岩画局部

生动植物的画幅居多，包括野牛、野鹿、野骆驼、黄羊、盘羊、虎、狼、獾、狐、鹰、野雉、野兔、旱龟和蕨类植物等。岩画涉及自然变迁、宗教图腾等内容，具有一定的历史价值和研究价值。初步判断凿刻时间从战国延续到明代，与古羌等北方民族有一定关系。2013年5月3日，黑山岩画被公布为第七批全国重点文物保护单位。

黑山南部石关峡与悬壁景区一体，可以一起游览，其他沟谷和区域需导游陪同徒步游览。

|小钵和寺遗址（十营庄堡）|

小钵和寺遗址位于新城镇野麻湾村西北后墩山南与河流夹护的高坡上，距关城21公里。明洪武年间与关城同时修建，共同防守嘉峪关防线正面，是嘉峪关副关。肃州通新疆巴里坤古道从附近穿过。军事营堡以寺命名，是因为在元朝这里就是一座叫小钵

和寺的寺庙，明初拆寺建堡，沿用了旧称呼。明前期小钵和寺是野麻湾营驻屯之所，明中期被西部少数民族占据，明军逐渐收缩防线至草湖内侧，新营、路家泉墩营、野麻湾堡是小钵和寺失守后的后续接替者，反映了嘉峪关在草湖西侧攻防退守的态势。汉代此地是酒泉塞，明以前肃州塞也指此地。清朝以来，当地百姓称其为寺营庄子，它的真名反倒鲜为人知。20世纪70年代文物普查时，工作人员问周边农民，当地人发音“寺”“十”不分，“十营庄子”由此产生。堡内西墙、南墙下有宽约2米、深约2.3米、长约30米的壕沟，为20世纪70年代初附近村民取肥所挖，内埋碳化小麦百吨，为明代藏粮，碳化而未取用，说明这里曾经发生过

曾经扼控古道的嘉峪关小钵和寺

惨烈战斗，见证了小钵和寺的险要。

嘉峪关至金塔公路从小钵和寺堡东面穿过，路边可见堡和钵和寺后墩，徒步半小时可到。至今未开发，古道依稀可见，是理想的徒步区域。

小钵和寺（民谣）

嘉峪关防线故事多
夸夸野麻湾小钵和

小钵和寺不一般

建于明朝洪武间
关城为伯它为仲
互为犄角守极边

小钵和寺不简单
扼控丝路最西端
东墩后墩和西墩
多墩拱卫披装甲
千年商流眼前穿

小钵和寺了不得

嘉峪关钵和寺后墩

有段故事必须传
正德年间西夷犯
官兵埋粮后死战
保关卫国全体殉
藏粮秘密无人晓
深埋地下五百年
牧农偶挖粮灰现
才解边关英雄胆

|天生桥|

天生桥位于讨赖河出祁连山口（称冰沟口）处，此处峡谷宽200米左右，深百米多，两岸峭壁垂悬。远古时期，两岸峭壁塌落搭置于峡谷之间而成桥状，天生桥因此得名。桥面距离河床和地面有50米左右，极为险峻。古人在峭壁上凿出“之”字路达桥面通行。丝绸古道南边一路曾经从这里穿过，文殊沟在明中期以前因此繁盛。天生桥是周围几十里进入讨赖河南唯一的通道，是嘉峪关防线的要塞。正德十一年（1516）末嘉峪关被察合台后王满速尔攻占，皆因敌抢夺偷渡天生桥所致。为国防安全计，嘉靖十八年（1539）明军破坏“之”字路，恢复为垂直，此桥遂废，史称“斩断天生桥”，此处遂没入历史，文殊沟因此逐步衰败。天生桥在15—16世纪察合台后王势力逼近时期关系嘉峪关防线安危，军事价值至巨。1966年，当地为方便通行凿通被称为“城门

从讨赖河河床仰视天生桥

洞子”的天生桥，1996年被冰沟索桥取代，又废。2004年，嘉峪关市有关部门在探察本土文化遗迹时发现并认定了曾湮没于历史近500年的天生桥。

从嘉峪关市往西南有路可至冰沟索桥，亦可从文殊沟西行到达。天生桥是藏于峡谷中的巨大地理结构，站在任何一点都无法窥其全貌，从三处多角度观看，才可知大概：一是从冰沟索桥上俯瞰，可见部分桥面与两侧峭壁上“之”字路；二是从峡谷西侧山顶俯瞰，可见桥面与东侧峭壁上“之”字路；三是深入谷底桥下，自河床仰视，蔚为壮观。“之”字路废弃多年，再无维护，不可涉足。

从冰沟索桥上俯瞰天生桥

明万里长城西端起点——嘉峪关红泉墩

|红泉墩遗址|

红泉墩遗址位于嘉峪关市西南，祁连山北麓大红泉山口西南台地上，嘉峪关市、酒泉市、张掖市三市交界处。东南距靖边墩17.2公里，北距大红泉堡500米。《秦边纪略》载："肠子沟红泉墩，长城所自起也。"此墩实为长城起点。到墩台的道路为戈壁土路，需向导陪同，亦可徒步前往，沿途风光无限。

|干河墩遗址|

干河墩又名十五里墩，位于嘉峪关市区酒钢十号门东200米处的兰新公路北侧，保存相对完好。它是关城向肃州传递信息的

位于嘉峪关市区的干河墩遗址

墩台之一。1842年九月初七林则徐谪戍伊犁从此路过。本书前言“有梦就来嘉峪关”中描述的就是此墩。

|河口墩遗址|

河口墩遗址位于文殊镇河口村西的讨赖河南岸，从市区南湖公园可见。此墩是从文殊山口往关城传递信息的墩台之一。

位于南湖文化生态园的河口墩遗址

嘉峪关横沟屯庄遗址

见证屯田的徐家屯庄遗址

|横沟屯庄遗址|

横沟屯庄遗址位于新城镇横沟村二组，距关城14.8公里。嘉靖年间修筑，清代曾续建，后名任家屯庄。屯庄坐北向南，为方形，边长50米，有瓮城。墙高6.6米，底阔6米。庄内套庄子坐西向东，内院有五个院落。20世纪40年代套庄子曾设肃州飞机场（嘉峪关国际机场前身）招待所。现仅存堡东南一段墙体。遗址位于市区通新城镇横沟村公路西侧50米农户院中。

|徐家屯庄遗址|

徐家屯庄遗址位于新城镇长城村七组西，原为清末徐家民屯，墙体保存基本完整。此处反映了草湖自汉代以来的屯田历史。

|新城堡遗址|

新城堡遗址位于新城镇新城村一组东侧，四周被农田包围，

嘉峪关新城堡遗址

距关城22.2公里。明嘉靖二十八年（1549）展筑（扩建），黄土夯筑，是沙堡之后第二座新城堡。康熙四十年（1701）因潮碱废弃，堡内曾建有上帝庙、圣母庙、关帝庙。康熙四十年移建堡外西南钵和寺（现镇政府驻地），现早已无存。西墙外的墩台上，曾修三官庙，民国年间拆毁，至今只剩残墙数十米。明代在此反复筑堡，说明了当地的重要性。

|野麻湾边墙|

野麻湾边墙位于嘉北戈壁至野麻湾堡一带，现存约13公里，为黄土夹沙夯筑。边墙上有10座沿边墩台，墩台全部设2—8燧，墩燧分离，墩负责瞭望，燧只管燃烟放火。因燧与边墙平行分布，同时点燃，下线墩台不易辨识烟火数量，必会导致信号内容含混不清。所以这些墩台相互之间如何传递或解读烟火信息，抑或向哪个方向传递烽火，尚待考证。

嘉峪关野麻湾边墙雪景

第四单元

了解嘉峪关

令牌

明代符牌，红铜制。最大直径14厘米，圆径11.5厘米，厚0.5厘米。正面铸一『令』字。背面铸文『永昌卫指挥使司夜巡牌』，两侧铸编号『肃字捌佰肆拾伍号』。为国家一级文物，现藏于嘉峪关长城博物馆。

邓小平视察酒钢

1966年3月23日至24日，时任中共中央政治局常委、中央委员会总书记、国务院副总理的邓小平到酒钢视察。随行的有国务院副总理李富春、薄一波，西北局第一书记刘澜涛，国家建委主任谷牧、国家计委副主任余秋里、冶金部部长吕东等。在酒钢期间，邓小平等中央领导听取了酒钢建设情况的汇报，研究、决定了酒钢建设方针、规模和进度，形成了工作纪要。

十六、中外巨防

1. 明代嘉峪关长城防御体系概览

长城是中国古代在不同时期为抵御北方游牧部落侵袭而修筑的规模浩大的军事工程的统称，包括被利用、加工，能阻挡敌人入侵的山川地理、人工设施。嘉峪关境内汉、明两朝修建了种类丰富的长城。

明朝为抗御蒙古及后裔势力，修建了横亘中国北方，东起鸭绿江畔、西至讨赖河畔的万里长城。嘉峪关是明朝有效控制区域最西端的重要关隘。因为讨赖河峡谷、黑山、新城草湖等大地理要素聚合在此，明朝利用天然屏障，嵌筑人工长城，持续修建了封锁河西走廊的长城防御体系（以下简称防线）。15—16世纪，嘉峪关“三面临戎，势甚孤悬”，围绕嘉峪关对峙、攻守的战争持续不断。每次战争后，明军都在入侵者反复进攻或极易突破的地方增筑长城，安置警戒，弥补薄弱环节，加强防守。经过200多年的加固扩建，最终形成依地理梯次分布、层层设防、有广阔纵深的长城防线。关城是防线的指挥中枢。明长城总体上的线状延续在嘉峪关表现为片状防御体系。嘉峪关防线是古人利用山川地理襄助国防的经典。明清称其为“天下雄关”“中外巨防”。

嘉峪关防御体系西南起祁连山北麓红泉墩，南至肃南县境内卯来泉堡，西至玉门市境内骟马城，北至花城湖以北金塔县境内，东至肃州银达镇两山口堡以西，东南至肃州金佛寺堡南。辖域包括祁连山北坡、讨赖河峡谷两岸、黑山、新城草湖，周边延伸至肃南县、玉门市、金塔县、肃州区。

嘉峪关长城防线辖祁连山北坡至新城草湖外围，从南、西、北三面拱卫肃州（酒泉）。防线宽阔，纵深百里多，扼守两条古道，多处山口。建有关两座，营堡近20座，墩台70多座，边墙、壕堑数百里，各类长城20种。

嘉峪关境内地形复杂，古人倚凭地理，因地制宜修建了形态丰富的长城，包含了长城的所有类型。

| 天然险 |

天然险就是能阻挡入侵的自然地理屏障。把山川峡谷当作自然长城，是冷兵器时代普遍的防御理念和防御手段。嘉峪关境内的祁连山、讨赖河峡谷、黑山、新城草湖等山川里外布满墩台、营堡，表明它们被古人利用，发挥着抵御、阻滞敌方进攻的作用，是人工长城的母体，也是防御体系最重要的组成部分。

讨赖河峡谷

| 关堡 |

丝路古道在嘉峪关境内分岔，一道过关城向西，一道过小钵和寺通新疆巴里坤。汉代时酒泉塞就扼守在这两条道路的险要处。明代在原址置关建堡，继续卫护古道。境内有两座关和十几座营堡，两座关是关城和小钵和寺。屯兵戍守的营堡有卯来泉堡、大红泉堡、大庄堡、塔儿湾堡、兔儿坝堡、野麻湾堡、新城堡、新营、路家泉墩营、沙堡、横沟屯庄、石关儿营、黄草营、双井

嘉峪关骟马营

子堡、骟马营、惠回堡等。营堡扼守道路、山口、水源，彼此之间相互应援。

| 墩台 |

明代称烽火台为墩台。墩台的主要作用是传递军情，此外还

位于冰沟口讨赖河东峭壁顶部的嘉峪关靖边墩

有瞭望、警戒、戍守、保护过往人众安全的功能。墩台用烽火、烟气传递军情，一般来说，白天燃烟，夜间放火。封堵河西走廊的嘉峪关防线曾有70多座墩台，墩台与山川、营堡、边墙结成一体，构筑了天衣无缝的军情传递网。它们或楔入深山戈壁，或矗立山顶，或站立高坡，或盯着谷口，或注视大漠。嘉峪关境内任何一点，方圆三公里内必有墩台，必见长城。

嘉峪关关南边墙

| 边墙 |

明长城夯土墙位于北方九个边镇上，所以叫边墙。嘉峪关防线上的边墙主要分布在关城南北两翼、市区北、新城镇境内，总长超过40公里，主要包括关南边墙、关北边墙、关东边墙（肃州北长城）、悬壁长城、石关峡长城。

嘉峪关斩崖长城——城墙对面为斩崖（右侧）

| 壕堑 |

明长城秉持“沿山斩崖削坡，平地筑墙挖壕”的修建原则。壕堑在以天然险阻为母体的嘉峪关防线上比比皆是、形态众多，广泛分布于祁连山北麓至新城草湖。其包括墙壕、远壕、城壕、外壕、山壕、边壕、墩壕、水壕、斩崖、崖栅、远墙等。壕堑的建设相对于边墙而言，有易于施工的优势，同样可以阻滞敌人，是防线上常见且重要的长城形态。壕堑大都与边墙、营堡、墩台等人工墙体相伴，位于边墙外侧和营堡墩台周围，增加敌人跨越、攻占的难度，增强长城的防御能力。

| 纵深 |

嘉峪关防线的纵深隐含着古人的防御智慧。防线东西、南北跨50多公里。在讨赖河与黑山之间、祁连山与文殊山之间、黑山与新城草湖外围都有广阔的戈壁沙漠，是防线纵深的主要构成。嘉峪关防线的广阔纵深发挥了墙体无法达到的防御功能。

因为位于要冲之地、建设周期长、工程体量庞大、长城形态丰富、纵深广阔、久历战争等原因，嘉峪关防线是世界上冷兵器时代最重要、最经典的长城防线之一：

——是世界上辖域最大的边关长城防线。

——是世界上最经典（最低建设成本、最高戍守效率）的边关长城防线。明代人借助、利用讨赖河峡谷、黑山、新城草湖等

嘉峪关防线——广阔纵深

紧凑集中的天险天堑，选择在嘉峪关辖域构筑国防，长城工程量相对较小，投入防御成本相对较低，可四面据守，可以实现最低建设成本、最高戍守效率。如果在嘉峪关以西的敦煌、以北的黑城建立边关，虽然可圈围更大范围的国土，但不具备四面据守的地理条件用于防御，一旦遭遇强敌围攻，则守卫困难，救援路远，极易失守。在河西走廊及周边，再也找不到嘉峪关这样一个适合的地方建立边关防线。

——是世界上冷兵器时代建筑耗时最长的边关防线。嘉峪关防线自洪武五年（1372）开始修建，历经永乐、成化、弘治、正德、嘉靖、隆庆、万历等朝不断修筑，至万历四十四年（1616）野麻湾堡筑成，清朝乾隆时期仍在加固。防线形成现在的规模至少用了240多年，建筑时间长于长城其他关塞。

——是世界上冷兵器时代最多势力和部族争夺的区域和地带。嘉峪关地域自汉元狩二年（前121）归中国版图，后又历经凉、甘州回鹘、西夏、吐谷浑、元等政权的统治，乌孙、月氏、匈奴、鲜卑、氐、羌、突厥、回鹘、党项、蒙古等游牧部族的控制。嘉峪关地域在多个历史时期处于不同势力的争夺中。山海、居庸、雁门等关都没有这样的经历。

——是世界上承担国防责任时间最长的边关和人文界线。公元前121年，酒泉建郡开始，此地初为汉与匈奴的分界，以后多个历史时期为不同部族和势力的分界。清康熙朝打败噶尔丹，乾隆朝平定大小和卓叛乱，光绪朝左宗棠平定阿古柏叛乱，收复新疆。整个清时期，新疆自叶尔羌汗国后，还出现了准格尔汗国、哲德沙尔汗国、洪福汗国，这些地方政权建立后朝廷多次通过出嘉峪关军事要塞解决西域问题。在人类历史长河中如此长久承担边关国防作用的唯有嘉峪关。

——是世界上冷兵器时代军事设施最集中、长城形态最丰富的边关国防。嘉峪关明代属肃州管辖。肃州为明朝有效控制区划的最西端，万里长城在这里起始。嘉峪关防线有边墙、壕沟、崖栅数百里，关堡20座，墩台70多座，军事设施密布，在长城沿线绝无仅有；有墩台、营堡、边墙、壕墙、远壕、城壕、外壕、山壕、边壕、壕棱、斩崖、崖栅、远墙、水壕、紮络、暗门、湖沼、险山、峡谷等20种长城，在长城沿线独一无二。

2. 嘉峪关长城的防御智慧

嘉峪关防线是山川地理襄助国防的经典，无论利用山川还是修筑人工长城，都蕴含着古人的智慧和精神。

——为什么称嘉峪关“中外巨防”“天下雄关”

天下武功唯快不破，长城唯大不破。只有“大”，嘉峪关才能封锁河西走廊，才能赢得“中外巨防”“天下雄关”的名号。嘉峪关大在哪里?

嘉峪关境内密集险要的山川是古人在这里建关的前提，嘉峪关只有仰仗祁连山和黑山，凭借讨赖河峡谷，才能拒敌，才能护疆。没有这些巨大雄壮的天险，2100多年前汉朝就不会在河西走廊率先夺取这里，600多年前“中外巨防”就不会建在这里。

千百年来，唯一不变的是这里的山川地理。仅凭土堡和边墙，是无论如何挡不住外族入侵的。各类因地制宜的人工长城凭借天险，才铸就了“关”的威严。

关之雄巨，不在于城高墙厚楼危，不在于砖土木石工艺，而是天险之巍，长城之奇，封扼之严，御寇百年而岿然。

一雄南靠祁连，北倚黑山；

封锁河西走廊的嘉峪关防线

二雄脚踏讨赖，臂掖草湖；

三雄俯视走廊，居高临下；

四雄长城奇巧，封锁严密；

五雄御敌百年，岿然不动。

毕竟是万里长城的另一端，封锁着河西走廊，又守着边疆国门，“巨”“雄”的气势自然不同凡响。

——讨赖河墩瞭望哪个方向的敌情

嘉峪关防线上的70多座墩台修建时间跨整个明代，是嘉峪关防线持续抵御外敌的见证。南起祁连山，北到黑山、新城草湖外围的墩台形成四通八达的烽火信息传递网络，方圆100公里敌情皆在掌控。每座墩台都警戒瞭望特定方向的敌情，位于讨赖河边的讨赖河墩瞭望哪个方向呢？

嘉靖十八年（1539）以前，察合台后王势力和蒙古余部为渗透嘉峪关防线，曾有在讨赖河结冰期和枯水期从上游下至河床，沿峡谷底东进偷渡，绕至河床变宽、两岸峭壁低矮的文殊山段翻出，从背后攻击嘉峪关或袭扰肃州的战例。为此，明军于1539年斩断天生桥，修建讨赖河墩，监视谷底，防止敌人把河床当通道。墩台通过南边墙、南墙壕直线连接关城。如遇敌情，烽火顿起，

紧贴讨赖河北岸峭壁的讨赖河墩，对河床一览无余

关城可迅速反应。

由于讨赖河墩是关南边墙尽头，20世纪80年代嘉峪关市进行旅游开发之初，就在讨赖河墩立碑，将其命名为“长城第一墩”，向游客宣传“万里长城从这里开始”。墩台因站立于60多米高的峭壁顶端，给游客留下深刻印象，“天下第一墩”的名号伴随“天下雄关”已经走向五湖四海，享誉世界，但它主司瞭望河床敌情的秘密却很少有人知道。

墩台位于南边墙尽头，矗立在讨赖河河北峭壁顶部，且依峭壁而建，立于墩上，可直视谷底。此处峭壁高于对岸，居高临下，呈凹状，墩台位于凹状结构的中间部位，这个位置可观察到河床上下游一里内的全部细节。墩台选址十分讲究，大有深意。河北峭壁自墩台向东西延伸，或呈台阶状，在顶部因下方峡谷内有台

讨赖河墩位于凹状峭壁顶部的正中间（俯瞰图）

阶状突出而无法观察河床，在下层台阶上虽能直视河床，但因位置低而不能与南二墩对接烽火；或峭壁呈凸状，谷底凸出部分的侧后方就是观察死角，无法直视，易于藏敌。只有矗立于凹状峭壁顶部，才能对河床一览无余，杜绝来犯之敌贴谷底北部隐藏偷渡。从完全观察河床的需要看，讨赖河墩的位置具有唯一性。河北峭壁上下数公里之内，再无地理条件如此。只有在这里建墩，才能实现最佳观察瞭望效果、最低建设成本、最短传送烽火时间的完美结合，这里是讨赖河墩充分行使功能独一无二的选择。瞭望监视谷底就是讨赖河墩的主要作用。古人克敌的聪明才智让人钦佩。

——嘉峪关防线上看不见的长城

嘉峪关防线以天然险为母体，分布大量长城，充分扼守了道路、隘口。无论是关堡还是边墙，墩台还是壕堑，都历历在目。可是，还有一种长城，它客观存在，却看不见。它是什么呢？

在讨赖河与黑山之间、祁连山与文殊山之间、黑山与新城草湖外围都有广阔的戈壁沙漠，构成防线纵深。戈壁沙漠没有水源和补给，可导致入侵者人困马乏、粮草接济不易；纵深可分散敌人兵力，稀释消耗敌人的力量，增加敌人侵占的难度；纵深还可拖延敌人进攻的时间，使守军有时间依仗烽火迅速传递信息，完成御敌布防。在正德十一年（1516），东察合台汗国满速尔汗率军攻击嘉峪关、入侵肃州的战争中，万余骑被迫分散在漫长广阔的防线上作战，被明军拖入持久战，陷入被动。正德十六年

（1521），敌军千骑侵至新城草湖外围，明军死守水源和粮草，敌军没有后援和补给，担心被明军包抄，无奈撤退。

嘉峪关防线的纵深隐含着古人的防御智慧，以长城的姿态发挥了墙体无法达到的防御功能。看得到看不见的长城，你才看明白了长城，读懂了古人。

嘉峪关防线遍布戈壁沙漠

——关西远墙的秘密

远墙是嘉峪关一种独特的壕堑长城，亦称壕栅，就是把天然壕沟背敌一侧削凿垂直，让敌人下不来，增加壕沟跨越难度，达到阻敌的目的。关城西二里处原有一道远墙阻隔，现公路东侧还残存一段。远墙与远壕、月城、斩崖、外壕、城壕层层设防，千方百计阻敌接近，让关城正面固若金汤。作为长城，远墙还有一个鲜为人知的秘密。

从明成化朝开始，热兵器逐步在明军中普及。弘治八年（1495）明军在关城西瓮城外修筑罗城，就在罗城上配置了火炮、火铳，加强了关城正面防守能力。那时候的火炮比较落后，只有

明长城——远墙

发射装置，没有瞄准装置，不能及时调整射界角度，射击全凭士兵目测和经验，准确性很差。为了提高射击准确度，士兵先在罗城上向外试射，以炮弹打到远墙为基准，然后固定炮身。如果敌军从正面进攻关城，必在远墙处集结下马，徒步翻越，罗城上的火炮以此为信号射击，炮弹会正好打在远墙跟前稠密的敌军中，极大提高命中率，对敌军造成重大杀伤。远墙就是一个提前固定好的火炮打击引导目标，发挥了标指作用。

古人克服火炮瞄准困难、提高射击精度的智慧让人感慨。

——关城西侧垛墙上凹槽的秘密

在关城城墙顶部外侧的迎敌方向，修筑有一人高的齿形垛墙，垛墙上有瞭望口和射击孔，是守军瞭望敌情、射击敌人时掩护自己用的。罗城和内城西面城墙上的垛墙还有间隔设置的凹槽，有人说是供士卒夜间放置灯火的灯槽。其实它不是灯槽，为什么？它到底做什么用？

弘治八年（1495）关城扩建，增筑罗城，增高内城并在内城上包砖。当时热兵器已经在明军中普及，就在罗城和内城西侧城墙上配置了火炮、火铳，加强关城正面防守能力。发射火炮火铳，需要保持干燥且有顺手可取的打火石和引信，于是建墙时就在垛墙上设置了专门放置打火石和引信的凹槽。凹槽就在火炮跟前，打火石和引信放置其中，能遮风避雨，避免受潮。

如果是用来放置灯火，内城南、东、北城墙顶上却没有此设施，难道这些位置的士兵火眼金睛？说不通。再则，在城墙上点

嘉峪关罗城和内城西垛墙上放置打火石、引信的凹槽

凹槽位于火炮跟前，打火石、引信可随时取用

灯易给远处敌人提供目标，暴露自己方位，为兵家大忌，所以凹槽不可能用来放置灯火。它是火炮的配套设施，架炮的正面有，其他方位没有，这就是凹槽的秘密。

——远壕的秘密

远壕也是一种壕堑长城，亦称拦马沟，位于关城正面，在远墙以里，月城以外。现存远壕呈东西走向，与关南墙壕相连。当敌军攻至远壕，就小于火炮射界，因距离太近，守城炮火反而无法发力。远壕与月城之间的狭窄地带虽是火炮射击盲区，但却是罗城上守军万箭齐发的最佳打击地点，会极大杀伤敌军。远壕就是守军设定的弓箭射击标靶区域。远壕是古人克服火炮盲区，发挥弓箭近距离射击优势的创举，兼有阻挡敌军人马的作用。

嘉峪关明长城——远壕

关城正面，其貌不扬，却暗藏杀机，守军可以做到火力全覆盖。敌军离城越近，沟坎越多，火力越猛，生存概率越低。难怪敌军宁可绕过关城，也不贸然攻打。

——长城上暗门的秘密

嘉峪关防线上有三座暗门墩：一座位于关北边墙上，称北暗门墩，与大湾墩、北二墩对接烽火；一座位于长城村境内边墙上，与野麻湾墩、姚家庄墩对接烽火；另一座位于新城村境内边墙上，与沙岗墩、新城堡对接烽火。暗门是什么？这些墩台为什么称暗门墩？

暗门就是从边墙下穿过的地道，是哨兵出入的隐秘通道，边墙外侧的出口一般在低洼处或草丛中，非常隐蔽，称暗门。洞口

曾经有暗门设施的嘉峪关北暗门墩

隐蔽，是为防止入侵者觉察后，以牧者、商人、百姓的扮相走近窥探，攻其不备，抢夺通道，突入长城。外侧洞口内有木门，平时朝里一面闩死，也是为阻挡敌人进入。暗门跟前的墩台就称暗门墩。暗门就由暗门墩管理使用。

暗门是嘉峪关险恶边境形势的反映。自明中期以来，嘉峪关以西尽失，大量番夷盘踞在嘉峪关周边，嘉峪关“三面临戎，势甚孤悬”。特别是古道通过的新城草湖湖区有番夷居住、放牧，番夷中不乏奸细与外部敌人勾结，在长城上寻找突破口。明军为提升安全保障，暗门这种独特的防御设施就应运而生。

——野麻湾堡为什么方向不正

古城、古堡、古建筑都讲究方位和风水，一般坐北向南或坐东向西。明万历年间修筑的野麻湾堡却方位不正，一反常态，为什么呢？

嘉峪关防线北部处在巴丹吉林沙漠边缘，新城草湖外侧多处被沙化，风沙对长城造成侵害。预防风沙壅埋是当地建堡首要考虑的问题。永乐年间，第一座新城堡（位于新城镇镇政府南2里处，中沟村三、四组中间，现电管站位置，当地百姓称沙堡，拆毁于1977年）将堡址选在便于管理的花城儿湖和苍儿湖，但其址处于风沙口的地方，导致西墙迎风阻沙，终被风沙淤埋，只能废弃。万历年间建的野麻湾堡吸纳沙堡经验，把堡建成西北角正对西北风方向，使风沙顺墙吹过，有效防止了壅埋，此为野麻湾堡方向不正的原因，其中藏有古人深谙地理风水、顺应自然的生存之道。

俯瞰嘉峪关野麻湾堡

为防风沙靠近野麻湾堡，古人在堡西二里的边墙外，自沙坡墩向东北修筑一道墙，称内边，在墙外再挖一道壕沟，专为阻挡风沙，是防线上不为挡人而设的长城。

——墙壕内侧的石头为什么比外侧多

在关南边墙和关北边墙外侧数十米处，有一道壕沟，大致与边墙平行，它就是墙壕长城。墙壕失去作用后，几百年没有修护，长期遭受风吹雨淋，风沙填埋，有些已经不易辨认。嘉峪关市开发早年，有心人调查长城，在人迹罕至的墙壕边上实地踏勘发现：墙壕内侧戈壁上有很多砖头大小的石头，而外侧戈壁上几乎没有，有些壕沟内侧沟棱上的石头还码放整齐，显系人为。这是什么人干的？为什么要这样呢？

明中期以来，嘉峪关以西沦陷，大量番夷盘踞在嘉峪关周边。

常有敌人装扮成商人、牧民接近长城，或窥视军情，或伺机偷渡。为不引起明军怀疑，敌人常常徒手走近，然后突然随手捡起地面石头投掷向墙壕对面的明军，发起袭击，敌我近距离投掷石头的搏斗经常发生。为减少敌人攻击的威胁，明军就把墙壕外侧可充当武器的石头扔到内侧，有些码放在内侧沟棱上，在敌军攻击和翻越墙壕时，顺手投掷击敌。几百年后，在墙壕长城边上依然保留了外边没有石头，里边的石头比较稠密，有些还有规律摆放的景象。

——钵和寺后墩上的灰烬

钵和寺后墩位于野麻湾西北的后墩山顶上，与小钵和寺扼控肃州通巴里坤古道出境段，是嘉峪关防线最北的墩台。墩台视野极其开阔，尤其向西、向北看得很远。墩台顶上至今有一层厚厚的草木灰，这是谁留下的？它是做什么用的？

朝阳下的嘉峪关钵和寺后墩

墩台除了传递军情外，还有瞭望、警戒、戍守的功能。钵和寺后墩位置冲要，都具备这些功能。墩台以烽火、烟气等视觉可见物传递军情，一般来说，白天燃烟，夜间放火。放火容易，生烟相对难些。使干草生烟最便捷的土办法就是捂烟，捂就是往草上浇水或拌土，使草不能完全燃烧，但又不能熄灭。因为没有燃尽，遗留的草木灰中夹杂了沙土和半黑的麦秸草秆。

钵和寺后墩上的草木灰是墩兵留下的，这些几百年前的灰烬说明，明代当地钵和寺湖（花海）方向、孤红山方向警情稠密，需不断向钵和寺西墩和钵和寺东墩发出警讯，再由它们逐次向关城和新城堡报警，是嘉峪关长期险恶处境的遗存。

——红烟墩的由来

墩台一般以所在地地名命名，比如嘉峪关墩、董家沟墩、王景庄腰墩。而位于嘉峪关北部的红烟墩就不像是地名，“红烟”这个名字有什么特殊含义？是如何来的呢？

嘉峪关红烟墩

墩台以视觉可见的火光、烟气传递军情，一般来说，白天燃烟，夜间放火。如遇刮风下雨等恶劣天气，火石、火镰点不着柴草该如何是好？墩台周围正好有红色沙土，把这些沙土研磨成粉尘状，裹装在纸包里，在发生警情、刮风下雨的白天，自墩台顶上向上抛出，在空中随风散开形成红色尘雾，代替燃烟传递信号。红烟墩因此得名。附近的白烟墩也是同样情况。

嘉北酒钢尾矿坝一带地下红土层露出地面，经过车辆长期碾轧，表面一层红土变为粉尘。每逢大车经过，搅起粉尘，远看红烟滚滚，风天尤其明显。这些让当代人头疼的沙尘竟然被古人利用，留下了美丽的名字和传递狼烟的便捷方法。

嘉峪关境内的墩堡和山川浑然一体，构成庞大的防御体系。任何人工长城都不是简单的修筑，都是战争实践和防御智慧的结晶。防线上的一山一水、一丘一石、一沟一坎都以长城姿态履行了阻敌困敌、保卫疆土的职责，都蕴含着金戈铁马的历史和先民坚韧不屈的个性。这种智慧和个性就是中华民族的精神。

嘉峪关市全境都处在防线之中，嘉峪关防线是万里长城沿线当之无愧的露天长城博物馆，是长城百科全书。看千姿百态的长城，感受冷兵器时代防御智慧，当然要来嘉峪关。

3. 如何欣赏游览嘉峪关长城

长城“灰头土脸，其貌不扬”，没有华丽的外表和诱人的身姿，不似楼宇宫殿，看长城自然要看得其所，独具眼光，知其所以然。

一看所在地理。嘉峪关防线是以山川地理为母体的防御体系，长城全部倚凭地理条件修建。看它们，就要先看所处的地理

嘉峪关明长城一览

种类	分目	形态与名称
天然险	山川	祁连山、讨赖河峡谷、黑山、新城草湖
	纵深	黑山与南山、讨赖河峡谷与祁连山之间戈壁，黑山、新城草湖外围荒漠
关堡	关	嘉峪关关城、小钵和寺
	营堡	新城堡、沙堡、野麻湾堡、新营、路家泉墩营、横沟屯庄、黄草营、石关儿营、双井子堡、惠回堡、骟马营、大庄堡、红泉墩堡、塔儿湾堡、兔儿坝堡、安远寨等
墩台	境外墩	梧桐墩、钵和寺后墩、钵和寺西墩、钵和寺东墩、董家沟墩、马路山墩、居中墩、泛沙泉墩、沙岗墩、花城儿后墩、花城儿路墩、花城儿前墩、钟家墩、长山墩、断山口墩、上黄草沟墩、边山墩、月儿湾墩、高沟墩、下黄草沟墩、小湖儿墩、石关峡口墩、石关峡口南山墩、上柏杨林墩、下柏杨林墩、镇北墩、回回墩、黑山儿墩、石烟墩、永兴后墩、大草滩墩、红泉墩、滥泥山墩、小青羊沟墩、靖边墩、松达板墩、羊蹄沟墩、火烧腰泉墩、卯来泉大墩、牛尾梢沟墩、大草滩水库1号烽火台、小沙河塘墩等
	沿边墩	讨赖河墩、南二墩、南头墩、北俺头墩、北二墩、北暗门墩、大湾墩、暗壁1号敌台、暗壁2号敌台、新腰墩、红烟墩、界牌墩（嘉峪关与新城界）、横沟墩、新墩子墩、横沟腰墩、镇远墩、野麻湾腰墩、沙坡墩、野麻湾墩、暗门墩、姚家庄墩、王景庄腰墩、旗杆台墩、暗门墩、柳条墩、白土滩墩、马莲沟墩、界牌墩（新城与肃州界）等
	腹里墩	嘉峪关墩、歇马店墩、沙河墩、干河墩、上腰墩、下腰墩、安远墩、界牌墩（嘉峪关与肃州界）、河口墩、文殊山口墩、风抹山墩、东长沙岭墩、西长沙岭墩、王景庄墩、新城堡墩等
墙体	边墙	关南边墙、关北边墙、肃州北长城、石关峡长城、悬壁长城
	简易墙	紮袋、壕棱
壕堑	壕	山壕、边壕、墙壕、外壕、城壕、墩壕、远壕、水壕等
	堑	斩崖、崖栅、远墙（壕栅）

嘉峪关市党史和市志研究院根据《嘉峪关市志1978—2010》长城内容整理

环境。

二看相互关系。墩台、营堡都不是单独存在的，墩台与墩台相互联系，营堡与营堡相互应援。看它们，就要看相互如何关联。

三看防守方向。人工长城弥补了天险上的薄弱。墩台、营堡守水、守路、守隘口。看长城，就要看守的是哪个水口、路口、山口。

四看防御功用。墩台、营堡都建在高处，视野开阔，居高临下，易守难攻。看长城，就要看如何防御。

五看承载历史。了解发生过哪些历史事件和战斗故事，有哪些历史人物路过和记述过。

六看筑制。看长城是用什么材料、什么方法建造的。

七看烽火品约。墩台一般以烟火等方式传递军情，看墩台，就要看它们是如何相互联系的。

八看风俗。长城深深影响了附近的居民，看长城，还要听他们讲关于长城的传说及其风俗。

4. 如何游览关城

关城的前身是酒泉塞、玉门关，坐落在古道上，长期发挥交通站关、通商税关、军事边关的作用。明代在此修筑封锁河西走廊的长城防御体系，以关城为防线的指挥中枢。游览欣赏关城，首先要了解其历史渊源、选址根据、经历功用；其次看其布局结构及防御技巧，为何为锁钥，如何雄巨；最后才是欣赏城中的建筑。

十七、历史故事

1. 张骞与酒泉塞（今嘉峪关）

西汉张骞曾经三次路过今天的嘉峪关地区，第一次是公元前128年，他首次出使西域返汉途经这里；第二次是公元前119年，他再次出使西域路过这里；第三次是公元前115年，他又返汉途经这里。

张骞第一次出使西域前后历经13年。战国、秦、汉初时期，中国北方盘踞着匈奴，长期以来，匈奴不停南犯，抢掠边境。汉初被迫与之和亲，武帝刘彻继位后，决定改变现状，策划与匈奴开战。得知月氏国被匈奴欺凌想报仇，武帝马上派人去联合月氏国。公元前139年，张骞奉命率领一百多人，从陇西（今甘肃临洮）出发。张骞此行有两个目的，一是结盟月氏国，夹攻匈奴；二是游说结交西域诸国。他们进入河西走廊，被羌谷水（今甘肃黑河）挡住去路。他们只好沿河北上，试图绕过河水，后遭遇匈奴，全部被抓获。匈奴把张骞等人沿羌谷水东岸押送到匈奴王庭龙城（今蒙古乌兰巴托）。（根据最新研究成果，张骞被俘后可能长期拘押于羌谷水、呼蚕水流域，今张掖、酒泉地域）

使团一行在匈奴划定区域过起了受监视的游牧生活。其间，朝廷等不到张骞的消息，汉匈战争打响。张骞从未忘记使命，十年后的一天，他们集体逃离，西去继续寻找月氏国。在张骞留居匈奴期间，西域的形势又有了变化。乌孙国在匈奴的支持和唆使下，西攻月氏国。月氏人被迫又从伊犁河流域继续西迁，进入咸海附近的妫水（阿姆河）地区，在新的土地上另建家园。张骞一行寻踪赶去。路过大宛国、康居国时，张骞向国王提出建立外交关系的意愿遭拒。赶到月氏国时，这时的月氏国已无意复仇。张骞未能说服月氏国与汉朝联盟。

公元前128年，张骞动身回国复命。他没有按原路返回，而是另辟蹊径，过葱岭，沿塔里木盆地南部，循昆仑山、祁连山北麓，避开匈奴控制区回返。他们在当地被呼蚕水巨堑（讨赖河峡谷）挡住去路。如果顺峡谷北岸走，必定进入匈奴区域，张骞只好溯峡谷而上，试图绕过呼蚕水和羌谷水上游归汉。进入祁连山后不幸被羌人抓获，山中羌人和山北匈奴相通，羌人把张骞一行押出山交给匈奴部落王。张骞又一次落入匈奴手中，被羁押在新城草湖所在的呼蚕水（讨赖河）湿地。当时河西走廊以羌谷水为界，以东是休屠王领地，以西是浑邪王领地。呼蚕水流域盘踞着两个匈奴部落国，南岸是折兰国，北岸是卢胡国。羌谷水、呼蚕

公元前128年，挡住张骞归途的呼蚕水巨堑（讨赖河峡谷）

水围成的区域封闭难入，湿地广袤，水草肥美，匈奴单于的王子，浑邪王的王母、王子就寄养生活在此，这里是匈奴的老巢。张骞以敏锐的眼光发现了这一带独特的地理价值和战略价值，并搜集了大量地情及军事信息。

公元前126年初，军臣单于崩，其弟左谷蠡王伊稚斜篡位，匈奴王廷内乱。张骞趁乱逃回汉朝。13年来张骞离汉出使西域，虽然历经艰难险阻，足迹遍及天山南北和中亚、西亚各地，但是没有在联合西域诸国孤立、反对匈奴方面有任何作为，没有完成使命。张骞向武帝述职后，又说了一段话："陛下，前年，我从西域回汉途中，发现一条河流非常神奇，上游是巨堑，以里地势险要，易守难攻。下游两岸是广袤的草原湿地，宜耕宜牧，物产丰富。这条河流就是呼蚕水。”

张骞接着又说：“呼蚕水、羌谷水一带是匈奴狼穴。呼蚕水湿地靠近西域。如果把这里拿下，一可就近结交西域诸国孤立匈奴，二可断绝匈奴与羌族部落的联合，三可牵制匈奴的侧后，四可就近组织发动对匈奴的战争。此地战略价值之巨，请朝廷尽快夺取！”

朝廷采纳张骞建议，有关部门按张骞提供的信息制定战役方

油画：张骞首次出使西域返汉途经当地，受阻于呼蚕水巨堑　作者：张广利

案。元狩二年（前121）春季和夏季，霍去病率重兵在呼蚕水、羌谷水湿地进行了两场荡除居牧匈奴的战争，占领山水环抱的河西走廊中段，汉军随即在呼蚕水南岸设置武力威慑匈奴的酒泉郡。酒泉郡东有羌谷水阻隔，南有祁连山遮拦，西有巨堑屏障，北有呼蚕水拱护，四面可据，是河西走廊一带最适合设郡的地方。在呼蚕水北岸、湿地西端修遮虏障，建立酒泉塞，开通驿道。小钵和寺和黑山南（嘉峪关关城附近）是酒泉塞的两个隘口，是东来西往必经之地，酒泉塞就是嘉峪关的雏形。汉占据酒泉，匈奴分裂，连连败退，汉匈战争胜负的天平迅速向汉朝倾斜。元狩四年（前119），张骞第二次出使西域，继续实施汉朝“断匈奴臂”的战略。

自酒泉郡建立后，大批汉使奔赴西域，大队汉军征战西域，大量人口迁徙河西。朝廷封张骞博望侯，博望是广博瞻望、高

油画：张骞第二次出使西域路过酒泉塞（嘉峪关） 作者：张文

瞻远瞩的意思，就是对张骞高远战略眼光的肯定和褒奖。张骞是酒泉塞、酒泉郡的发现者，是河西走廊归中国版图的策划者。嘉峪关、酒泉、河西走廊、丝绸之路的历史，因他而开始。张骞书写了汉朝向西开疆拓土史的第一页，中国西部版图里有他不朽的身影。

【历史分享】张骞真的高大——结合本土历史研究张骞的心得

驿道（丝绸之路）从嘉酒开通。丝绸之路从长安到欧洲，为什么讲从嘉酒开通。有两层意思，一是汉朝占领这里才能真正占领河西走廊，才能打败匈奴、控制西域，才有了开通道路的可能；二是丝绸之路最早开通的奠基性事件就是公元前121年霍去病在张骞策划下的呼蚕水湿地之战，奠基工程、开通事件在这里发生，这里是丝绸之路开通的关键，这就是“丝绸之路从这里开通”的本意。打个比方，就好比修桥，最难修的是拱和柱，而不是河岸两端的起点和终点。嘉酒的占据就是汉代在丝绸之路上施工难度最大、最具支撑力的拱柱。

张骞两次出使西域的使命。建元二年（前139），张骞第一次出使西域，是为了结盟匈奴的敌人月氏国，联合西域其他国家共抗匈奴。元狩四年（前119），张骞第二次出使西域，依然是为联合西域，重点则是为了拉拢匈奴的朋友乌孙，使之保持中立，进而分裂瓦解乌匈联盟，最终目的都是为孤立匈奴、削弱匈奴、打败匈奴。

张骞做生意了吗？从张骞两次出使西域可以得知，汉匈战争时期，驿道（丝绸之路）的主要作用是战略通道、外交通道、军事通道。直到西汉后期，西域被汉朝控制，驿道周边环境稳定，才开始通商，商贸交流的作用才逐渐显现，最终成为中西方文化交流通道。张骞两次出使西域，携带了大量财物，都不是为了通商，是外交的手段和需要。张骞做的是政治外交生意，和商品交易没有关系，张骞带回西域的信息和物产，主要是为了汉朝了解西域进而控制西域。他建议汉武帝率先夺取嘉酒一带、交好乌孙削弱匈奴，是最大的贡献。他是利用早期丝绸之路实现“断匈奴臂”战略的先驱者，而不是商贸交易的实施者。这条伟大的路后来的历史贡献和作用，并不是张骞的初衷所能预料的。很多人把张骞的行为简单解读为从事商贸交流，是与历史有很大出入的误判。

张骞的精神。公元前139年，张骞第一次出使西域，13年后回到汉朝，去的时候带了100多人，回来时仅剩他和向导两人。前后两次被匈奴抓获羁押达11年多，其间逃亡，过沙漠、翻雪山，冒酷暑严寒，常常面临死亡威胁，他都不忘使命，毫不动摇去完成朝廷交付的任务，历经艰辛，九死一生。他是人类历史上长期固守使命、誓死尽职尽责的典范。呼蚕水、酒泉就是张骞不忘使命、恪尽职守的产物和见证。这里的历史开始于张骞矢志不渝履行职责的品格和精神，当地2000多年历史根基的人文内涵就是“不忘初心、牢记使命”这种精神的体现。

2. 霍去病与酒泉塞（今嘉峪关）

公元前121年春季，万骑汉军进入河西走廊，沿祁连山西进，翻过乌盭山，讨伐匈奴遬濮国，涉过狐奴河，穿越五个匈奴部落，一路急行军。汉军放弃了沿途俘获的匈奴人及其牛羊，单于的儿子近在咫尺也不追捕。部队的主官是骠骑将军霍去病，这支汉军只有一个目的，直扑位于河西走廊腹地的福禄（今酒泉）。

这次军事行动源于张骞首次出使西域历经千难万险返回汉朝给朝廷的建议——夺取河西走廊中部的匈奴老巢。

19岁的霍去病第一次独自挂帅，率万骑远征。他对河西走廊腹地十分陌生，此行的依据是张骞提供的信息和制定的行军打仗方案。击垮小股敌人，又不能与大队敌军纠缠。过焉支山后，在戈壁上迂回转战、绕行沟壑六日，马不停蹄走了一千多里，终于到了湖沼连天的呼蚕水（讨赖河，亦称北大河）湿地。汉军从红水河突入呼蚕水南岸的湿地，以迅雷不及掩耳之势剿灭了盘踞在呼蚕水南岸的折兰国，斩杀了折兰王，匈奴残部逃往呼蚕水北岸的卢胡国。卢胡国有备而战，是这场战役汉军的主要对手。

这是一场夜战，月黑风高，汉军乘夜向呼蚕水北岸（现酒泉果园、银达一带）行进。河岸边的树常年经受西北风肆虐，树干呈弓形，向东南倒。宿于树间的鸦雀被大队人马经过的声音惊吓，纷纷向西北飞去。这是一场残酷的战斗，卢胡国匈奴在北崖头（北大河北岸果园、银达境内）设伏，汉军过河至崖下时，匈奴居高临下放箭并使用礤木檑石，汉军猝不及防，走在队伍最前面的羽林军骑士胡大年、鲁清、孙旗、王昭、吴才等当场牺牲，汉军损失严重。霍去病一马当先，腰间配挂公侯讨胡所执琰圭，手持林槊，身先士卒。他身后是鼓史，不停击鼓，传达主帅进攻号令。帅旗曲柄旃紧随主帅高高飘扬，在空旷的滩涂上格外醒目，

曾为匈奴浑邪王部盘踞的新城草湖所在的呼蚕水湿地

激励汉军奋勇冲杀。湿地湖汊纵横，汉军弃马步战，分散为小股部队与匈奴对杀。匈奴甲士两千多人骁勇善战、熟悉地情，对远途奔袭而来的汉军造成重大杀伤，直至全部战死，卢胡王在混战中亦被杀。最终，汉军以阵亡7000人的代价占领了这里，俘获了浑邪王的儿子及匈奴相国、都尉等，还缴获了匈奴祭天金人。

捷报传到朝廷，汉武帝嘉奖三军，飞马赐酒犒赏。酒少，霍去病在呼蚕水湿地上倾酒入泉，全军逐营碗饮，将士都喝到了御酒，共沐恩赏，共庆胜利。此泉因此称“酒泉”。汉军挟浑邪王子，使浑邪王屈服，导致匈奴分裂。夏季，汉军乘势再战羌谷水（黑河）上游湿地，荡除匈奴，占据了觻得（后名张掖）。两场战役下来，匈奴失去老巢，遭到沉重打击，悲歌“失我祁连山，使

油画：霍去病鏖战马莲滩　作者：韩旭

立于石关峡的霍去病雕像

我六畜不蕃息；失我焉支山，使我嫁妇无颜色。”

这年秋天，汉朝就在两场战役占领区建立了武力威慑匈奴的酒泉郡，河西走廊始归中国版图。酒泉郡东有羌谷水阻隔，南有祁连山遮拦，西有巨堑屏障，北有呼蚕水拱护，四面可据，是河西走廊一带最适合设郡的地方。

霍去病夺下这里建立酒泉郡，驿道得以开通，汉匈战争得以转折，控制西域得以实现。这里对汉朝的贡献是中国西部任何一个地方无法相提并论的。一代战神霍去病在这里留下了浓墨重彩的传奇。

3. 明朝嘉峪关战与和的事

明正德十一年（1516），嘉峪关发生过一场战争，战争的性质是西域察合台后王势力对明朝边疆的入侵。东察合台汗国攻打嘉峪关、入侵肃州（酒泉），游击将军芮宁阵亡，明朝边关失守，震惊朝野。这是明朝建国近150年来发生在西部边疆最严重的外敌入侵事件，被录入国史。东察合台汗国为什么发动战争？他们如何攻击嘉峪关防线？当时有些什么特殊情况？芮宁如何战死？明军为什么不救援芮宁？此战有什么后果？下面一一解密。

明朝嘉峪关处在什么样的国际环境中

500多年前嘉峪关处于一个什么样的国际环境中，还要从蒙古国说起。1206年，成吉思汗统一蒙古各部，建立蒙古国。当时中国包括南宋、金国、西夏等，南宋在长江流域及以南，金国在黄河流域和东北，西夏在甘肃、宁夏一带，西辽在新疆中亚一带。蒙古军队向南、向西进行武力扩张，经过几十年战争，征服了亚欧大陆700多个民族，占领了40多个国家；建立了金帐汗国、窝阔台汗国、察合台汗国、伊尔汗国等。1271年忽必烈在中国版图上建立元朝，1279年灭南宋。在争夺汗位和土地财产过程中，蒙古国各汗国之间战争不断，致使其走向分裂和衰败。位于西域和中亚一带的察合台汗国分裂为西察合台汗国和东察合台汗国，东察合台汗国位于西域一带。元朝于1368年被明朝推翻，退到漠北。

明朝建立后，亚欧范围内蒙古及后裔势力依然存在，有些地方仍然强大，北元鞑靼部、瓦剌部，察合台后王势力等与明朝并存，明朝最大的威胁依然是蒙古及其后裔势力。为了防御蒙古势力，明朝建国初期修建了西起讨赖河畔、东至鸭绿江边的万里长城。长城是明朝国界的底线。嘉峪关是边关，就处在明朝西部有效控制区域的最前沿。《重修肃州新志·河西总序》载："明洪武五年，宋国公冯胜将兵定河西，截嘉峪关为限，而此地遂为极边。"

明朝为什么把嘉峪关建成边关

在嘉峪关地域修筑边关，建立军事防线，主要有两方面原因。一是自汉开通古道以来，经过一千多年历史积淀，嘉峪关成为古代文明的分水岭，以西逐步过渡为多民族、多国度、多宗教地区，东则逐步过渡为汉族、中原王朝、儒家文化统治的地区。嘉峪关一是明朝在河西可控制区域与西域蒙古后裔势力的分界线；二是嘉峪关境内地理位置险要，易守难攻，讨赖河峡谷、黑山、新城草湖可以阻挡通行，把这些天然屏障用长城连接，再派驻军队把守，形成了嘉峪关独特的防御体系。嘉峪关有紧凑的天险，防线建设成本低，戍守效率高，所以明朝选择在嘉峪关设防线封锁河西走廊。

明朝前期对嘉峪关以西有哪些边疆政策

明长城以外存在过渡地带或明蒙双方控制区。嘉峪关以西的哈密、敦煌就是这种性质。明廷为了稳定边疆，维护嘉峪关以西的国防安全，对西域势力实施三项绥靖遥控政策。一是在嘉峪关以西设立罕东、曲先、沙州、赤金等7个羁縻卫，任命番夷部落首领为卫长官；二是在哈密设立忠顺王，由朝廷任命，当地推举贵族担任；三是通过调节嘉峪关通商频率与税率控制西域势力。这些措施，调控了明与西域的关系，拉拢、牵制了蒙古后裔势力，使嘉峪关以西地区在明前期基本稳定，没有大的战争。

成吉思汗的后代满速尔汗有占据河西走廊的野心

15世纪后期以来，西域经过察合台后王歪思汗、羽奴思汗、阿黑麻汗统治，逐步强大，由松散的部落联盟成为集权的部落联盟国，逐步侵蚀控制罕东、曲先等羁縻卫，废除忠顺王，嘉峪关被迫闭关绝贡。16世纪初，出嘉峪关视为出国。1504年，察合台后代满速尔汗继位（明史称速檀，速檀是“苏丹”的音译，泛指中西亚国家的国王和统治者，满速尔是东察合台汗国第十三任汗），他有占据河西走廊的野心。因兄弟在背后裂土另建叶尔羌汗国，他被迫东扩。满速尔汗清楚知道，要想占领河西走廊，必先占领肃州，要想占领肃州，必先突破无法绕行的嘉峪关防线。嘉峪关开始被觊觎。

东察合台汗国发动侵略战争

经过几年厉兵秣马，满速尔汗于正德十一年（1516）十一月，率领一万多军队东进。面对重兵把守、不易逾越的嘉峪关防线，大军没有直接从正面攻击，而是派出一支人马，偷渡“人马难行”的天生桥，出文殊山口，在文殊山兵分两路，一路跨越讨赖河，潜至嘉峪关背后，一路在文殊山往肃州方向设伏，阻挡可能出现的肃州援军。十一月十五日，战役打响，敌军多处用兵，对关城、小钵和寺等驻军要塞展开全面攻击。嘉峪关防线烽火连天，关城腹背受敌，向肃州报警求援。当时芮宁任肃州游击将军，他曾在正德二年（1507）前后任嘉峪关领操把总都指挥，后升任现职。得知嘉峪关被围攻，他慷慨陈词："我志在灭贼，誓不与贼同生，岂容营我近郊，戮我生灵，坐视苟生，以取辱哉！"遂请命救援嘉峪关。为尽快赶到，芮宁于十六日清晨带兵出肃州城南门，沿讨赖河南岸西进，抄近路驰援万分危急的嘉峪关。行至文殊山一带，与提前在此设伏的敌军遭遇，被拦截，双方于张良沟、苜蓿沟、兔儿坝、沙子坝一带展开恶战。芮宁明白，只要有人马及时赶到嘉峪关，从背后夹击围攻关城的敌军，就可以解关城之围，所以他指挥部队奋力突围。由于敌军有从天生桥赶来的援军持续投入两军绞杀，明军被死死拖住，无法突破围堵。从早晨到黄昏，鏖战一日，明军死战不退，人马越战越少，被分割包围。箭用完了，将士拣敌人的箭射向敌军。由于没有支援，最后明军弹尽粮绝，残部被围于冯家沟，843人全部战死，芮宁也中数箭身亡。同日，关城将士虽浴血奋战，对敌军造成重大杀伤，无奈等不到援军，寡不敌众，关城最终被攻破。肃州随即被围。

小钵和寺是嘉峪关防线另一正面，也遭到敌军猛攻，明军英勇出击，最终寡不敌众，全部牺牲。明军在敌军攻击前备战，于堡内埋下带不走的大量粮食，以备撤退避敌，将来收复后再食用，因全体战死，藏粮秘密无人知晓，直至400多年后才被发现。堡

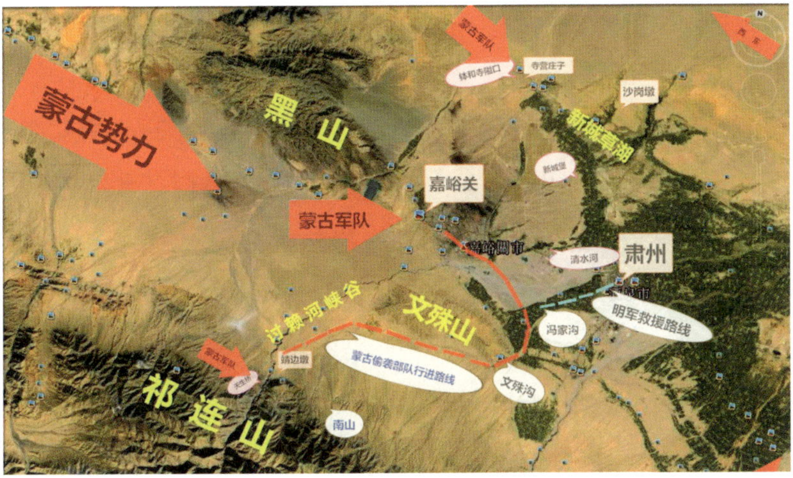

1516年嘉峪关攻防形势图

子内的碳化藏粮说明了当时战斗极其惨烈，见证了明军在嘉峪关履行边关职责的英勇事迹。此役后，小钵和寺失守，明军在这一带收缩防线至新城草湖以里。

肃州明军为什么不救援在文殊山苦战的芮宁所部

芮宁及所部在文殊山苦战，肃州城离文殊山不足二十里，近在咫尺，为什么肃州明军不来救援？

明成化朝以来，西域因部族纷争、王位争夺产生大量流离失所的难民和流民，这些番夷东归明朝，被安置在肃州城及其周围。满速尔继位以来，为实现其野心，前期就往肃州派遣奸细和卧底，这些人混杂在番夷中，长期以来从事搜集情报、策反、发展敌后队伍等工作。肃州和嘉峪关防线的驻军、布防、战力、要塞、道路等情报被满速尔获得，这次全面攻击嘉峪关防线的战争计划，也是根据情报制定实施的。攻击嘉峪关前夕，他们约定，大军一旦包围肃州城，城里的内应就暴动，打开城门，里应外合，攻下城池。十六日凌晨芮宁率军出城后，内应们看到探马不停报急，以为时机已到，就在肃州城内暴动，试图夺取城门。肃州守军立即镇压，城内战斗非常激烈，甚至打起了巷战，明军全力控制，抓捕暴徒、搜查番夷，稳定局面时已到黄昏，所以白天无法派兵增援芮宁。芮宁及所部在文殊山与敌恶斗，为肃州明军平乱赢得了时间。因内应计划破败，敌军抢掠后撤退至瓜州一带盘踞。

十六日前后，在嘉峪关防线及肃州城，战火蔽日，明军经历了嘉峪关保卫战、文殊山遭遇战、小钵和寺浴血战、肃州平乱战等，上演了嘉峪关防线最为惨烈的画面，嘉峪关的国防军事功能发挥到极致，给中国古代战争史留下了辉煌悲壮的篇章。不久嘉

油画：明军浴血小钵和寺　作者：韩旭

峪关即被收复。这是明朝建立以来西部最大的战争，边关失守，震惊朝野，此战被录入《明史》，称“嘉峪关之战”。

朝廷如何褒奖芮宁

朝廷奖赏厚恤芮宁，追封都督同知，世袭指挥使，赐谥号襄愍，在肃州城内修芮公祠、襄愍坊，让军民祭拜。大学士石瑶撰祭文《芮襄愍祠记》。芮宁是为救援嘉峪关捐躯的英雄。

同时朝廷追究此战嘉峪关陷落的责任，很多大臣受到牵连，嘉峪关之战因此在《明史》多个人物传记中出现。

据一关而撼天下

嘉峪关之战后，肃州兵备副使陈九畴一边加固嘉峪关防线，一边训练士卒，提高作战防御能力，做好随时应对敌军攻击的准备。“修营垒练卒伍，常若临大敌。”此后，东察合台汗国于正德十三年（1518）、正德十六年（1521）连续来犯，嘉峪关防线壁垒森严，敌无法突破，无机可乘。但满速尔贼心不死，又于嘉靖三年（1524）举兵两万再次大举进攻。这次进攻的目的是夺取甘、肃两州。敌军攻打嘉峪关的同时，分兵包围肃州，奔袭甘州。嘉峪关防线封扼严密，明军使用火炮、火铳、弓弩据守，拖住大量敌军。敌军人马虽多，但被嘉峪关掣肘，无法全力攻打肃州、甘州，只能撤退，无功而返。此役为明代西部遭遇的最大入侵事件，嘉峪关据一关而撼天下。此役后，西域敌人再没有发动过大规模的入侵。

虽国土未失，城池未破，但沿途遭抢掠。针对敌军侵入五百

油画：满速尔再犯嘉峪关　作者：张应贤

里（从嘉峪关到甘州）事件，朝廷究责，处罚责任者，调整官员。陈九畴被调离。

陈九畴离任前为何事上奏朝廷

陈九畴离开甘肃前，认为有一事干系重大，必须上奏，让朝廷知道。什么事呢?

嘉峪关、肃州多次被攻击，陈九畴认为居住在肃州城的番夷中的奸细与敌内外勾结是敌屡屡入侵的根源，是国防安全的隐患。但是又没有办法甄别消除，于是他上疏朝廷报告此事。题本（奏折）标题是“为处置属番以安边徼以绝后患事”（关于为长久解决西北国防安全妥善安置肃州城少数民族的报告），提出把肃州城中的番夷全部迁离，安置在肃州周围有闲置堡子的地方。具体安置方案提到嘉峪关境内的新城堡（当时的新城堡指第一座新城堡，位于新城镇镇政府南1公里处，中沟村三、四组中间，现电管站位置，当地百姓称沙堡，拆毁于1977年）。这座新城堡修建于永乐年间，因负责建筑的驻军不识风水导致建堡失当，堡子西墙被风沙淤埋废弃。陈九畴驻守肃州时，新城堡是被废弃的空堡子。

嘉靖皇帝的三道圣旨都说了什么

奏折送到北京，嘉靖皇帝看了陈九畴奏折后，朱批第一道圣旨：兵部看了来说，钦此钦遵。

兵部（国防部）经过论证核实，基本同意陈九畴的意见和方案，给皇帝上了奏折。嘉靖皇帝看后，朱批第二道圣旨：这安插诸夷事宜，还行与提督军务官，着再行酌处，务要停当。钦此钦遵。从这道圣旨中可以看出，嘉靖皇帝清楚地看到安置肃州少数民族的背后隐藏的是可能爆发的战争，所以他要求“提督军务官”拿意见。让“提督军务官”提前介入，做好以后由此引发战争的准备。

兵部尚书（国防部长）与三边总督（相当于现在的西部战区司令）等会商后也基本同意陈九畴和兵部的意见和方案，给皇帝上了奏折。嘉靖皇帝看后，朱批第三道圣旨：准议，钦此钦遵。

因为安置番夷事关边疆安全，新城堡进入过朝廷决策视野。

圣旨在落实中遭遇了什么，为什么被迫搁置

圣旨到了甘肃，官员找来肃州番夷代表和头领做工作，动员

他们迁离肃州城，按方案搬迁。番夷代表和头领异口同声地说："我们受西域压迫，走投无路归顺了明朝，我们当中很多人在这里生活了几代，遵纪守法，是明朝顺民，要是把我们迁出城送还给昔日的敌人，还不如杀了我们！"态度诚恳且言辞坚决，圣旨落实遭遇阻力。番夷的说辞和情绪引起很多官员同情，圣旨被迫搁置。

嘉峪关面临着怎样的国际形势

嘉靖七年（1528），满速儿汗占据赤金卫，嘉峪关以西沙州、瓜州、玉门沦陷，废除羁縻卫所制度，其势力直逼嘉峪关，公然对抗明朝。嘉峪关直接成为明朝与察合台后王势力对峙的桥头堡，伫立在战争随时爆发的最前沿。此时"嘉峪关三面临戎，势甚孤悬"，明朝没有收复和再控制过渡地带。

明朝为什么不回击挑衅，收复嘉峪关以西地区？原因是蒙古鞑靼部俺答汗进犯山西，攻击北京；东南沿海倭寇袭扰，扎根沿海，深入内地。明廷没有能力同时打三场战争，所以在嘉峪关采取防御态势，加固防线。此时明朝国防的重点是打击东南沿海倭寇，抵御北方蒙古侵犯。

嘉靖朝如何加固嘉峪关防线

嘉靖八年（1529），明朝在嘉峪关以西添筑骟马城墩、上柏杨林墩、下柏杨林墩、回回墓墩、红泉墩等五座墩台，加强纵深警戒和防御；在嘉峪关西修建骟马城、双井子堡；嘉靖十八年（1539），参将柳栋斩断天生桥，消除被敌偷渡的隐患；1540年，建关城两翼边墙，现在的嘉峪关两翼长城张开的外观就形成于这次加固；在嘉峪关防线修建大量墩台等加强警戒，讨赖河墩（第一墩）、泛沙泉墩（李陵碑）、董家沟墩等就修建于这一时期。

嘉靖朝在嘉峪关实施的其他防御措施

除了加固嘉峪关防线，明朝还采取了应对关西形势恶化的两个措施。

一是关闭嘉峪关，与西域势力断绝外交、贸易。二是落实嘉靖皇帝的圣旨，彻底消除肃州、嘉峪关安全隐患。嘉靖二十六年（1547），肃州城番夷3000人全部迁离。其中一部分安置在嘉峪关新城堡和钵和寺（新城镇镇政府驻地）一带，随即于1549年修建第二座新城堡（位于新城村一组附近，当地称新城堡），加强肃

油画：再筑新城堡　作者：韩旭

州北部防御，监控新城草湖的番夷。明代在此反复筑堡驻军，说明了新城草湖的重要性。新城草湖是淡水湖泊群，水草丰美，土地肥沃，适宜人类生存，历史上多个民族住牧耕作于此，是粮草基地、嘉峪关防线组成部分、肃州北部屏障、古道岔路口。

神奇的嘉峪关防线

每次战斗后，明军都在防线上入侵者反复进攻、极易突破的地方增筑营堡、墩台，挖掘壕沟，安置警戒，增派兵力。从洪武五年（1372）建关城到万历四十四年（1616）野麻湾堡修筑，历经240多年，筑成封锁河西走廊的防御体系。防线是随着外敌侵犯而不断加固和扩建才形成现在的规模。嘉峪关防线加固的动因就是抵御入侵。明代嘉峪关防线上先后曾有关两座，堡近20座，墩台70多座，壕沟、崖栅、边墙数百里，各类长城20种。

嘉峪关防线最大的特点就是充分利用得天独厚的讨赖河峡谷、黑山、新城草湖等天险，边墙、墩台、营堡、壕堑倚凭天险而设，这个区域有如此众多的国防设施和军事工程，世界罕见，充分证明这里曾经何其重要。嘉峪关防线是世界上利用天险最经典的防御体系。在河西和中亚地区，再找不到这样一个地方，适合建立最低成本、最高效率的防御工事体系。

嘉峪关防线的神奇之处在于在它的外围还有更大的天险保障，就是祁连山、黑河、巴丹吉林沙漠。古代，人类无法绕行祁连山和黑河，嘉峪关就是中原文明西出和西域文明东进在青藏高原以北、蒙古高原以南不二的通道。防线上的黑山南、小钵和寺

关城是嘉峪关防御体系的指挥中枢

隘口是要塞，自汉代起两座关就建在这里。我们的区域文化的神奇体现在这里的山河峡谷曾经被先人充分巧妙使用并且左右了人类历史。嘉峪关防线处在决定河西走廊归属的制高点上，对中原王朝和中亚的历史都产生了重大影响，是中原和中亚此消彼长的分水岭。在嘉峪关被争夺的特殊历史时期，可以这样说：得嘉峪关而得天下。就因为嘉峪关自始至终掌握在明朝手中，所以才形成了今天的历史。

如果在世界范围内寻找一处证明冷兵器时代人类最经典的防线，是嘉峪关；如果寻找见证16世纪世界上最强大帝国和敌对势力对峙、攻守的代表遗迹，还是嘉峪关。

十八、文化探秘

1. 扑朔迷离的地下画廊

嘉峪关市独一无二的旅游资源除了明代长城防御体系，还有被称为“地下画廊”的新城墓群。嘉峪关市新城镇、酒泉市肃州区果园乡西侧60平方公里的戈壁上分布着3000余座古墓葬。20世纪70年代在新城墓群挖掘出18座墓，其中有9座为彩绘画像砖墓，其余为素砖墓。2001年，新城、果园两个相邻的墓群被国务院公布为全国重点文物保护单位，命名为“果园—新城墓群”。新城墓群墓室壁画多为一砖一画或数砖组成的连环画，画法简练，画风朴实，色调明快艳丽，线条流畅，形象生动，不拘一格，是古代砖壁画艺术珍品。

由于没有确切的直接证据，出版于20世纪80年代的《嘉峪关壁画墓发掘报告》对墓葬年代和墓主身份谨慎使用了“当”“似”“探讨”“推断”等字眼，对墓葬的判断充满不确定性。后来的主流观点认为埋葬的是魏晋五凉时期当地的官员、贵族、富商、庄园主，所以又称魏晋墓。画像砖取材于现实，反映出河西地区当时的社会生活及民风民俗，对研究河西地区的社会、政治、经济、文化、军事、农业生产、环境等提供了实物资料，具有较高的研究价值。新城墓群虽然是大规模豪华墓葬，但至今没有确定的墓主，没有找到史籍记载，没有后人认领和祭奠，仍然是考古之谜。

但民间对此有新观点。当地学者从史籍中找依据，通过从古人视角解读画像砖发现，墓群中最早的画像砖墓大概率形成于汉匈战争时期，墓葬规格形制统一，是朝廷修建的公墓，埋葬的是牺牲在当地的汉军、捐躯于西域后迁葬至此的官员、使节。公墓都是带墓道的二室或三室砖墓，墓主都是有功人物，画像砖是朝

果园—新城墓群多为形制统一的二室三室砖墓

墓壁画像砖描绘墓主生平

廷给予墓主的荣誉和奖赏，描绘了墓主功绩、生平和迁葬时对他的祭祀。特定墓葬壁画描绘的画主与《汉书》传主对榫，墓主因此得到确定。新城墓群已挖掘的墓葬皆为汉公墓。

| 六号墓的秘密 |

新城墓群现对游客开放的是六号墓。六号墓是干砖垒砌三室墓，是新城墓群中规模较大的一座。

通过对六号墓的考古和对壁画的解读，导游词如下：欢迎来到嘉峪关新城魏晋墓群参观！六号墓是西晋时期的一座夫妻合葬墓。距今已有1700多年的历史，墓道长27米，原为斜坡式沙砾结构。为方便游客参观，墓道及门楼前水泥砖砌部分为后来加固而成的，其余部分都保留了原貌，墓葬垂直深度为10米。……前室画像砖上呈现的是户外生活的主题，充满对田园牧歌式生活的向往和追求：农耕、狩猎、养殖、采桑、酿造、宴饮、庖厨、烤肉……中室是客厅，聚焦的是男女主人公生活中的风雅时尚的生活品质，盛装出行、恣意宴乐、悠闲抚琴、轻歌曼舞，贵族气息扑面而来……后室是卧室，画像砖的表现手法含蓄收敛，丝绸、布匹的意象让人想到了中国古代男主外、女主内的家庭生活。汉代至魏晋时期，人们一向有视死如生的观念，于是工匠们在坟墓中营造了一种在另一个世界丰衣足食的生活氛围，他们的艺术灵感显然来自真实的生活。魏晋时期，河西地区远离中原战乱，社会稳定，经济发展，成为乱世难得的避险地。

持汉公墓观点的学者通过解读画像砖描绘的故事，认为六号墓墓主是西汉和亲公主刘细君。细君公主是史籍有载的第一位和

油画：刘细君公主和亲路过酒泉塞（嘉峪关） 作者：颜立群

亲公主：江都王刘建女，武帝元封六年（前105），为联合乌孙抵制匈奴，以公主名义嫁给乌孙昆弥猎骄靡，为右夫人。因猎骄靡年老，语言不通，乃悲愁自作歌“愿为黄鹄兮归故乡”。后来遵从乌孙习俗，做了猎骄靡孙子军须靡的妻子，生一女名少夫。武帝太初时（前101）细君公主去世。新朝时从乌孙国迁葬至酒泉郡公墓。

六号墓的140多块画像砖分布在前、中、后三间墓室中，分别描绘了对公主的太牢、少牢祭祀；刘细君在乌孙的贡献；刘细君的婚姻和在乌孙的生活状况；朝廷给乌孙王的礼物，汉武帝给刘细君及团体的经费，广陵王给公主团体的冥品；酒泉郡守接待公主，举办“男女有别”的宴席；公主团体逐水草、赶牛羊、逐猎路过河西走廊的场景和故事。

锤牛图

《锤牛图》位于前室东壁正中间，非常醒目。导游词称：“画面中的屠夫紧攥牛缰绳，一手拿榔头准备击杀牛，牛四足痉挛，挣扎着不肯前走，眼睛都瞪红了，生动地表现了牛恐惧害怕的样子。这是厨前准备，反映了当时的生活场景。”

汉公墓观点认为，《锤牛图》与相邻的《屠猪图》《宰羊图》组成祭祀场面，是中国古代的太牢，表明致祭者是诸侯王身份。祭祀要求牲体完整，所以选择“锤”的方式。祭祀在汉代是非常重要的礼制，因太牢是高规格祭祀，当然描绘在最显著的位置。致祭者是公主堂弟、广陵王刘宫。

这幅悬挂物图，导游词称是杀猪、宰羊等厨前准备工作完成后进一步加工的食物。

六号墓画像砖

汉公墓观点认为是加工祭品过程中同一牲体解割后的形状示意，称《七体图》（左肱、左胁、左股、右肱、右胁、右股、脊）。《周礼》有记。

对于这块描绘“三个圈”的画像砖，导游词称其为装蚕的筐箩或整匹丝绸横断面。

汉公墓观点认为是汉武帝时期发行的皮币，一枚皮币价值40万钱，只有诸侯才能够认购配享，是刘细君公主宗室身份、币帛价值的标识。

六号墓画像砖

对于相连的椭圆圈图，导游词称是蚕茧。

汉公墓观点认为是汉武帝时期发行的白金

六号墓画像砖

三品中的龟币，龟币重四两，银合金制，值300钱，又称复小，椭圆形，是公主团体赶赴西域沿途使用的零用钱。

这幅妇孺和树状物图，导游词称："壁画中有许多反映桑蚕业的画面，说明魏晋时期，通过丝绸之路，中原地区的种桑、养蚕技术已流传到河西地区，居住在河西地区的人们已开始养蚕，进行一些丝绸的加工。画中的采桑妇女和护桑男孩均穿短衣窄袖，头发为'剪发垂项'，为古代龟兹人的形象。另一方面也说明当时这里的气候相对湿润，适宜桑树的种植。枝叶状物中间的黑色曲状物是蚕虫。"

六号墓画像砖

汉公墓观点认为是汉代鼓励生育的宣传画——《九茎连叶图》：汉武帝时期，为发展人口，增强国力，推行"毋有复作"的增殖人口政策——赦免天下服劳役的女子，让她们回归婚姻和家庭，鼓励生育人口。画师采取夸张、比拟的手法，把灵芝草放大成九茎连叶树，妇孺在树下嬉戏，象征在"毋有复作"的诏令荫庇下，妇孺过着安逸快乐的生活。这项政策深受人民拥护，传播很广。这幅宣传画在果园—新城墓群多座壁画墓中出现，虽然画工巧拙和画面设计有差异，但是树有多条茎柄、枝叶相连、妇孺在树下休闲嬉戏这三个基本元素完全相同。刘细君公主把这项利国利民政策带到乌孙，受到乌孙上下欢迎，对汉乌关系向着有利于汉的方向发展产生了积极作用。因为故事发生在乌孙国,《九茎连叶图》上的妇孺自然是披发赤足的乌孙人形象。这幅图表现了刘细君公主在乌孙国的贡献。

这幅《耙地图》，导游词称："描绘的是农耕业，从画面中可以看出，当时受中原技术的影响，河西地区的生产力得到了发展。《耙地图》中，一牛拉耙，一人蹲在耙上，加重耙的重量，以达到破土保墒的目的，耙上蹲的就是一个羌族人。"

六号墓画像砖

汉公墓观点认为：刘细君公主团体把中原先进的农耕技术带到乌孙国。农耕使人定居，人们才在居住地种树，三棵树表明农业文明在乌孙开始扎根；只有在快速运动时头发才飘起来，乌孙人耙地时头发上飘，表明农耕受到乌孙欢迎，很快开垦出土地，推广迅速。整座墓9幅牛耕地壁画说明乌孙开始农耕，说明刘细君的功绩。

这幅《牵驼图》，导游词称："画面中一胡人，头戴圆顶毡帽，左手持一木棍，右手牵着骆驼，缓缓行走在戈壁

六号墓画像砖

之上，展现了古丝绸之路上‘商胡贩客，日款于塞’的繁荣景象。”

汉公墓观点认为是乌孙商人手持刘细君公主签发的传信，到汉朝开展驼运贸易，是最早表现西域与汉通商的图画（此情景发生于前105年至前101年，当时汉通西域的古道还没有开通）。此图说明了刘细君促进汉乌商贸交流的贡献。传信又称符节，是汉代官方出具的凭证，用于身份确定、通行、接待等。

六号墓画像砖

对于这幅《牛拉车图》，导游词称其为男主人出巡所乘。

汉公墓观点认为是刘细君出嫁时乘坐的牛车，车辕涂染成红色，称軿车，在汉代只有公主、王妃能够使用。牛拉车符合汉初“天子不能具醇驷，而将相或乘牛车”的规定。此图与相邻的《骑士开道图》《官属侍行图》等组成刘细君公主出嫁仪仗，是公主身份的体现。《汉书》有记载。

六号墓画像砖

对于这幅《羊群图》，导游词称：“反映出墓主人生前拥有的庄园面积很大，庄园里牛马羊成群，桑田遍布，说明他生前拥有殷实的家庭财富。”

汉公墓观点认为这是刘细君公主出嫁团体一路上携带的口粮，是会行走的食物。《汉书》有载，河西走廊开通早期，食物匮乏，军队、使团赴西域必赶大群牛羊充当食物。图中画9只羊，古代“9”就是众多的意思，表明是一大群羊。

下图（左）有关报告称为《托梁力士图》。

汉公墓观点认为是乌孙王猎骄靡，刘细君初嫁的丈夫。

下图（右）有关报告称为《托梁力士图》。

汉公墓观点认为是乌孙王军须靡，猎骄靡之孙，刘细君再嫁的丈夫。

六号墓画像砖

六号墓画像砖

对于《儿童执扇图》，汉公墓观点认为此图中的儿童是刘细君与军须靡的女儿少夫。少夫身上体现了汉乌两种文化：食肉酪而体格壮硕，身着乌孙装，头戴乌孙帽，手持汉朝显示贵族身份的便面（扇子）。少夫是高贵的混血乌孙公主。刘细君去世时，少夫只有两三岁。

儿童执扇图

右下图位于中室东壁中间最醒目的位置，导游词称：“女主人的前方摆着餐具，身后的仆人拿团扇为主人纳凉。”

六号墓画像砖

汉公墓观点认为是墓主刘细君公主。中室东壁描绘的是公主团体一行路过酒泉郡，酒泉郡守举办宴席接待公主及其女性随从的场景。刘细君出嫁时年仅十六七岁，优雅美丽，身形未足。她身居宴席的中心位置，身后站立一位执扇宫女，享有妃和公主的尊荣。

在刘细君公主及其后任刘解忧公主的积极推动下，汉乌联盟建立，遏制了匈奴，汉朝最终控制了西域。她们为汉朝开疆拓土立下汗马功劳，是中国历史上卓越的女性。新城墓群迁葬了很多类似刘细君这样有功于国家、捐躯西域的官员、使节，壁画具象了史书的记载，呈现着墓主的功绩，间接记录了汉朝开疆拓土、控制西域、打败匈奴的历史，是驿道开通早期的历史再现，是民族名片形成时期的历史记忆，是图画版的《史记》《汉书》。新城墓群无疑是两千多年前爱国主义精神的伟大宝库，是中华民族最耀眼的文化丰碑，具有至高无上的学术研究价值和无与伦比的精神价值。

|《驿使图》的秘密|

这幅《驿使图》再现了当时西北边疆驿使驰送文书的情景，笔法娴熟准确，被认为是我国发现最早的古代邮驿的形象资料。

汉公墓观点认为解读壁画必须以确定墓主为前提，以古人视角为基准。根据画像砖描绘可知五号墓墓主是新朝五威将王骏。——西汉末年，社会矛盾日益尖锐，朝政混乱，中央政府无暇顾及对西域的经营管理。王莽当政后，歧视和苛待匈奴和西域各国，执行了错误的边疆政策，将包括西域各国在内的各少数民族国王降为侯，引起了各国的极大不满。公元13年，地近匈奴的

出土于新城墓群5号墓的《驿使图》

焉耆国反叛，杀西域都护但钦。天凤三年（16），王莽派五威将王骏、新任命的西域都护李崇、戊己校尉郭钦等率兵进入西域，意图镇压反叛、恢复西域秩序。焉耆、姑墨、尉犁、危须等国联合伏击王骏军，王骏身亡，李崇还保龟兹。

五号墓画像砖描绘了王骏领皇命出征、王莽向西域都护和各城国发出征兵羽檄、王骏率五帅及七千西域兵进军焉耆中埋伏遭袭杀、朝廷在朱鸟门内白虎殿祭奠王骏亡魂、戊己校尉沿蒲类国（巴里坤）至野麻湾古道把王骏尸体递送至果园—新城墓群等场景。位于前室东壁的《驿使图》表明驿道下属各亭邮卒紧急递送王莽发给西域诸国的征兵羽檄。此图准确的名称应该是《邮卒急递羽檄图》。

| 探秘新城墓群的十个“能否说明” |

壁画内容风格　新城墓群的画像砖采用彩绘素描，画法简练，画风朴实，画面直观，没有圣贤，没有精灵神怪，人物、动物、植

新城墓群的壁画

物、用具、行为易辨识。

敦煌莫高窟坐落在河西走廊西端的敦煌市，始建于前秦，历经北魏、隋唐、五代、西夏等时期。壁画大都反映宗教内容，描绘传说、神怪。同处河西走廊西部的新城墓群与莫高窟壁画画法和内容没有雷同，风格迥异，能否说明它们形成于不同时代？

莫高窟的壁画

马镫　马镫的出现，使人马紧密结合，且解放了人的双手，极大提高了骑兵的作战能力，被认为是军事史上一项重大发明。

新城墓群骑马者脚下没有马镫

单牛耕画像砖

考古界公认马镫产生于四世纪初魏晋时期，新城墓群有很多砖上有骑马的画像，以《驿使图》为代表，人物脚下没有马镫。这能否说明新城墓群形成在马镫出现之前？

牛耕　汉武帝征和四年（前89），朝廷颁发《力农诏》，河西走廊地区开始推广双牛耕。魏晋时期当地普遍是双牛耕，单牛耕在河西走廊属于不被推行的生产方式。画像砖上既有单牛耕也有双牛耕，能否说明画像砖描绘的内容与汉武帝时期有关？

新城墓群出土的半两、五铢、货泉

钱币　货币上有文字，易于判断年代。新城墓群一至八号墓葬中出土了640枚古钱币，有半两、五铢和货泉等，从其钱文及形制看，都属于汉代货币范畴。根据墓葬随葬品惯例，能否说明墓葬形成于汉代？

骨尺　二号墓出土了两件长度均为23.8厘米的骨尺。根据

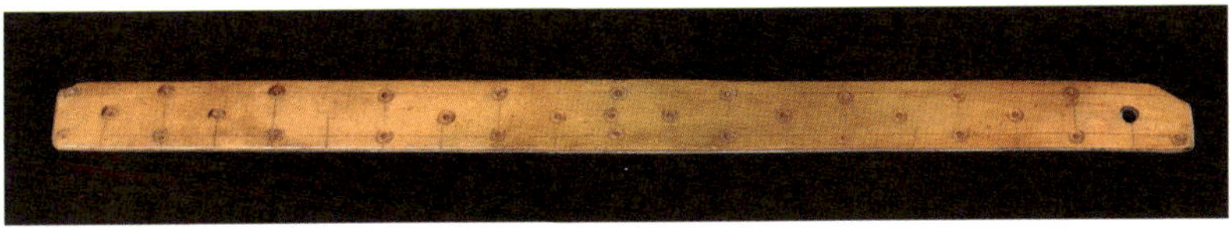

新城墓群出土的汉代骨尺

《中国科技史》，国内考古界公认属于西汉的标准尺子有13把，长度为23.1—23.8厘米，其中4把长度等于或接近23.8厘米，新城古墓二号墓出土的尺子长度符合西汉标准，根据随葬品惯例，能否说明二号墓墓主生活在西汉时期？

铜器　因为铜的熔点低，铜器先被人类使用。铁器在中国最早出现于西周晚期，战国中期铁质农具大量使用，但兵器仍为铜质。西汉时期为铜器向铁器过渡时期，经过东汉三国发展，魏晋时期铁器广泛使用，完全进入铁器时代。铜器在西汉以前占主导地位，一般把西汉以前称青铜时代。新城墓群出土铜质随葬器物700余件，铁质器物仅4件，能否说明墓葬形成时期还处于青铜时代？

陶器　东汉产生青瓷，魏晋出现白瓷，魏晋是青瓷、白瓷、漆器、陶器并用的时代。魏晋时期安葬贵族，主要用瓷器、漆器、铜器等陪葬。新城墓群出土的器物都是陶器，能否说明墓葬形成于东汉以前？

果园—新城墓群出土的汉双耳陶杯

墓葬形制　根据考古定论，带墓道的砖墓一定是达官显贵的墓葬。新城墓群都是带墓道的豪华砖墓，形制相同，且画像砖风格一致，似以一种图纸为蓝本、同一批工匠建设，不同于民间墓葬，这能否说明新城墓群是公墓？

葬制　新城墓群很多墓葬尸骨不全或没有尸骨，完全不合丧葬习俗，不像传统葬法，能否说明这些墓属于二次安葬？

背景　河西走廊地区自汉以来长时间战乱频繁，社会动荡，民贫地弱，缺乏形成如此大规模豪华墓葬群的环境和条件，历史上酒泉一带没有可能有如此多按砖壁画墓厚葬的官员贵族。墓群客观存在，能否说明墓主有可能是迁葬至此，而非本地人？

当地为什么有这么多豪华墓葬？画像砖描绘的内容到底在表达什么？至今产生了很多推衍和猜测，这涉及墓葬来历、葬制、礼制、民族、战争、绘画、农耕、饮食、服饰等，五花八门，包罗万象。毕竟是一个体量庞大、内涵极其丰富的文化遗存，有些观点大相径庭，扑朔迷离。以上仅列举冰山一角，权当抛砖引玉。

这些直观朴实的砖壁画就是墓主生平的记录、功绩的写照，向我们传达着非同寻常的历史信息。您就是信息的解读者和真相的触摸者，欢迎探秘。

2. 曾经位于今天嘉峪关地域的古玉门关到底在哪里

嘉峪关地域在明代以前曾经建有玉门关。

玉门关一定建在道路上。汉朝占据河西走廊后，通往西域的道路开通。通过今天嘉峪关地域的路从酒泉城北门出来，过北大河向北，经肃州区果园乡到嘉峪关市新城镇，在新城镇观蒲村分岔。一道折向西经横沟到达关城；一道继续向北由新城草湖出野麻湾小钵和寺通新疆巴里坤。因绕水而行，才有如此走法。这就是为什么酒泉城与关城的直线距离只有五十里，古人记载两地道路却有七十里至百里不等的原因。汉代酒泉郡在讨赖河北岸修遮虏障、建酒泉塞，道路穿过的地方设置塞口，一处在黑山南，一处在小钵和寺。

古道会从石关峡穿过吗？石关峡在古代是河道，常年流水，峡谷里多处狭窄难行，怪石嶙峋，即使在枯水期，也无人马商队通过的可能。峡谷中有人工墙体遗迹，是古代为防止偷渡而设的哨卡。全国现存岩刻一般分布在人迹罕至的荒僻山野，石关峡峡谷两侧峭壁上的岩刻也说明此处不会是熙熙攘攘的道路。石关峡里的土路为近几十年附近居民踩踏出的便道，与关城西和后墩山下槽状古道遗存不可同日而语。古道没有从石关峡穿过。

玉门关会在石关峡吗？玉门关如果在这里，两边是峭壁崇山，守军无法环顾四野、瞭望敌情，有利于敌军接近围攻，不利于自己警戒戍守，等于坐以待毙，完全有悖于军事常理，古人绝不可能在这样狭窄、毫无视野的峡谷里筑关。附近的关城、骟马城、小钵和寺等无不建在视野开阔、易守难攻的高处。史籍记载古玉门关“关在南北两山间”，这里的两山指文殊山和黑山，不会是指石关峡两侧峭壁。

嘉峪关境内的玉门关到底在哪里？史籍有答案，唐初僧人道宣在《释迦方志》中记载：“……肃州，又西少北七十五里至故玉

嘉峪关关城是在古玉门关基础上扩建而来

门关，关在南北山间……”宋曾公亮在《武经总要》中记载："肃州西至玉门关七十里。”明永乐年间《西域行程记》记载："……关上一平冈，云即古之玉门关……”康熙年间梁份的《秦边纪略》:“肃州西七十里嘉峪关，金墉玉门是在也。”用“关在南北两山间”“关离肃州七十里”这两个标准比照，古人对古玉门关位置的记述指向非常明确。古玉门关就在嘉峪关关城位置，是关城的前身，关城是在古玉门关基础上加固扩建而来。“宋元以前有关无城”，这里的“关”就是玉门关。明代戴弁以诗写“肃州八景”，其中“玉关来远”中的玉关就是指后来的嘉峪关。古道从这里穿过，关当然倚路而建。不可能关在黑山南，路在石关峡里或其他地方。

从汉代到明代，当地山川未曾改变，古道未曾变动，酒泉塞、玉门关、嘉峪关一脉相承，坚守千年。

3. 关城收发哪些烽火

嘉峪关防线地域广袤，从南、西、北三面卫护肃州，信息的快捷传递尤为重要。关城作为嘉峪关防线的指挥中枢，负责接收五路烽火，向肃州发出一路烽火。

第一路，接收黑山西侧烽火，通过镇北墩、上柏杨林墩、下柏杨林墩、回回墓墩、黑山儿墩、石烟墩、大草滩墩等传至关城。

第二路，接收小钵和寺至黑山北侧烽火，一路发端于黑山北侧，通过榆树泉山口墩、边山墩、月儿湾墩、上黄草沟墩等传至石关峡口墩；另一路发端于钵和寺后墩，由钵和寺西墩、居中墩、断山口墩、上黄草沟墩等传至石关峡口墩。再由石关峡口墩传至关城北头墩。

嘉峪关遍布矗立高处、视野开阔的墩台

第三路，接收新城草湖方向烽火，此路烽火发端于花城儿后墩和梧桐林墩方向，通过沙岗墩等传至关城北头墩。

第四路，接收文殊山口方向烽火，通过文殊山口墩、河口墩、西长沙岭墩、东长沙岭墩、风抹山墩等传至关城嘉峪关墩。

第五路，接收祁连山北坡方向和讨赖河峡谷两岸烽火，发端于红泉墩、小青羊沟墩、滥泥山墩、松达板墩、羊蹄沟墩等，通过靖边墩、讨赖河墩、南二墩、南头墩等传至关城。

第六路，向肃州发出烽火，通过嘉峪关墩、歇马店大墩、干河墩、上腰墩、下腰墩、丁家坝墩等传至肃州城。

嘉峪关防线上南起祁连山，北到黑山、新城草湖外围的70多座墩台形成四通八达的烽火信息传递网络，方圆100公里敌情皆在掌控。在险恶的御敌战争实践中，嘉峪关勾勒出了快捷高效的烽火线路。在那个金戈铁马的时代，书写当地的战争历史抑或是烽火狼烟。

4. 万里长城西端起点在哪里

地方志记载：“嘉峪关长城起于卯来泉之南，讫于野麻湾之东北。”从实地上查找，祁连山北坡卯来泉至讨赖河峡谷之间没有人工长城遗迹，长城在这一段究竟在哪里？抑或指什么？

明人依托峡谷、崇山、湖沼等天险设置边关防线，封锁河西走廊。嘉峪关辖域内的峡谷、崇山、湖沼被古人用作长城，是长城防线的母体，发挥着抵御、阻滞外敌入侵的主要作用。因此这一段长城就只能是讨赖河峡谷。讨赖河峡谷在关城以南、祁连山北麓，是深陷地下的巨堑，是发挥长城作用的典型地理屏障，是

万里长城起点——嘉峪关红泉墩

嘉峪关防线的上游和重要组成部分，是大长城。自峡谷北起通往关城的边墙和墙壕是它的延伸。把山川地理当作长城，是冷兵器时代古人普遍的防御理念和防御手段。

由于讨赖河墩是关南边墙尽头，20世纪80年代嘉峪关市进行旅游开发之初，就在讨赖河墩立碑将其命名为“长城第一墩”，向游客宣传“万里长城从这里开始”。事实上，长城并没有在讨赖河峡谷边终止，而是溯讨赖河峡谷继续向祁连山延伸。因此讨赖河墩并不是长城起点，长城起点到底在哪里呢？

清初地方古志《秦边纪略》给出了答案：“肠子沟红泉墩，长城所自起也。”位于嘉峪关市西南角、祁连山北麓的红泉墩是明万里长城西端起点。还有一种观点，认为位于肃南县境内，讨赖河上游的讨赖河岸墩是嘉峪关防御体系的最东南，此墩明代就被裁撤，是另一处长城起点。红泉墩在嘉峪关长城防线最西南尽头，站立高处，扼控山口，瞭望对面黑山与祁连山之间河西走廊过境段，是名副其实的“长城第一墩”。

从红泉墩算起，万里长城又延长了几十公里。

5. 如何理解“得嘉峪关得天下”

为什么古代有“得嘉峪关得天下”的说法？是因为河西走廊对亚洲格局非常重要，嘉峪关对河西走廊非常重要。

祁连山（南山）与北山（龙首山、合黎山、马鬃山等）夹峙

的狭长地带，类似通道，位于黄河以西，称河西走廊。河西走廊深入青藏高原以北和蒙古高原以南，连接西域、青藏和漠北，战略价值巨大。在古代，如果河西走廊被西域或北方政权控制，就会觊觎威胁中原，如果河西走廊被中原政权占据，就会控制西域，所以河西走廊的得失关系亚洲乃至世界格局。中原王朝强大的时候，必定先占据河西走廊。

嘉峪关在河西走廊中部西端，境内密布峡谷、险山、湖沼。由于讨赖河峡谷的切割，天险前移，这里成为南北山系之间最狭窄之处。只需要对讨赖河峡谷距黑山之间的十三四公里设防就能阻断东西。无论张骞还是冯胜，都发现了这里天险聚合、适合设

嘉峪关与祁连山雪景

防的秘密，这个秘密是在这里设塞建关、修筑长城的原因。河西走廊以西、以北，再没有哪个地方可以至少三面依靠地理条件设防。无论哪个势力，只有占据嘉峪关，才能取得河西走廊东西控制的主导权，嘉峪关的得失关系河西走廊安危，嘉峪关的争夺是中原与中亚政权此消彼长的分水岭。所以说得嘉峪关得天下。

嘉峪关地域自汉代起2000多年多民族居牧、多势力争夺的历史充分说明了这个结论。

6. 昔日新城草湖八景

古代新城草湖还包括花城湖和苍儿湖，面积广袤，大约300平方公里。1960年代以前，新城草湖一带依然湖沼连天、水草丰盈，仍是河西走廊面积最为广大的绿洲，孕育奇观胜景无数。当地老者根据少时所见，曾总结归纳出昔日的“草湖八景”。

随着生态环境改善，新城草湖水鸟渐多

【绿野鸟瞰】新城湖左右与苍儿湖和花城湖相连，形成天然大湖区。纵游湖区，牛羊成群，众鸟掠空，惊兔时现，狼狐蹿行，牧犬劲吠，牧者常警。湖泊片片，泉流淙淙，鱼游浅水，蛙鸣声声。

【涌水泛沙】湖有千泉，多泛沙涌水，统称泛沙泉。泉有大小，水分急缓。众泉特点各异，趣韵不同。茂草之处必有涌泉，涌泉之中必现泛沙。夏日软水抚足，青草撩面，畅游此湖，流连忘返。

位于新城草湖西侧的泛沙泉

【激流钻洞】钻洞湖在镇政府东北6里处。因湖中有钻洞沟而得名。激流钻伏于草皮以下，久成天然管洞。临之但觉水涌地颤，不知流自何处。水头偶露，其流疾厉，不知深浅，以脚稍试，立遭拽吸，令人惊惧。钻洞之水，注入“三间房子”后缓散成泊。

【雨住泉腾】泥沟村南有忠义梁。梁附近有茂蒲旺芦数十亩，为农户鱼塘。其源缸子泉今仍汩汩涌水。1950年代淫雨之后，缸子泉始则剧涌，继而喷腾，缸子粗细的水柱腾高数尺。据口传，新城域内泉喷景观不止此一处。地层皆松沙散石，雨水浸渗于低

新城草湖的旺苇密草

凹处，与地下潜流形成自然喷腾。

【大湖芦荡】新城湖东北角，泉溪倾流汇聚，形成绵延二十余平方公里的水泊。水泊滋养旺苇密草，新城人共称其为大湖。明代实行军屯，士卒军余在此收割青草，年纳屯料草和秋青草二千八百捆，并赖此割储干草，饲养战马耕牛。清代屯兴，居民剧增，抢割芦草的殴斗厮拼不断发生，延续近百年。清末任姓乡官勇于任事，综合芦草生长地水旱不均等情，确定各保甲分配面积。他耐心协商，抑强扶弱，将大湖草由乡划分至保，由保划分到甲，由甲划分至户。划分之后，预留一片芦荡作意外情况临时调剂之用。确定8月25日为下湖开镰之日。为扩大旱芦生长面积，他组织居民以甲为伍，挖沟加坝，引水扩灌，并巡查清湖，驱逐盗牧盗割者。大湖遗址处遗有“老三份”“乱二分”“调湖”“盗湖”“加坝倒”等蕴藏丰富历史内涵的地名。1980年代，当地地下水位骤降，地旱草稀。1990年代，大湖区干涸无草，延续百年的大湖割草规制中止。大湖水草无存，沙坡渐起。昔日二十余平方公里的水泊芦荡，成沙漠荒丘之地。

【古墩传奇】泛沙泉墩筑于明嘉靖三十五年（1556），在沙岗墩以西两公里。肃州兵备陈其学为提防沙湾藏虏，截袭哨马墩兵，在湖中目光可及之处的水泊孤屿上以土坯砌筑此墩。孤屿四周水深时没腰，浅时没膝，墩台水浸不倒。后人为纪念曾在此地战斗的悲剧英雄李陵又名命此地为“李陵碑”。1988年4月24日某

被称为李陵碑的泛沙泉墩

时，黑风沙暴，天昏地暗。墩下久旱无水，土质疏松，墩体轰然而倒。

【间歇奇泉】大湖以北有冰草坡，因水而冰草生，因草而流沙固，五眼清泉从半坡穿沙而出，涌泻而下，渗没于坡底。其中一泉极为奇特：一股清流时涌时歇，年久不绝。据有心人测算，泉流停歇42秒后，再次从沙中缓缓涌出，继而流量渐大，流速渐快，循前次水迹冲涌而前。其奔涌之势可超越前次，玩沙戏水者被水头感染引诱，情不自禁扒沙导水，引水前越。正在此时，水流忽止，且从头到尾瞬间渗于沙中。其流程长约三十余米。湖区上游一泛沙泉亦很奇特，人跃泉中下坠至水没耳根，泉水猛喷，将人喷出泉外，有惊无险，是牧童戏水玩耍的好去处。据专业人士解释，泉流间歇与沙漠的“呼吸”作用有关。

【北沙孤影】新城湖地处巴丹吉林沙漠西沿，古时有数道沙梁横穿湖中。飞沙自花海西北戈壁而起，逾越野麻湾村、新城村和中沟村，在今泥沟村和鹳蒲村东南壅聚成丘，绵延前行，统称“北沙窝”。1950年代，政府在野麻湾村、长城村、新城村风沙线上植防沙林数片，数年之后林起而沙伏。泥沟村之北也有沙丘逼近，田庄堪忧，政府组织人力，以泥草固压沙丘，风沙至今伏身不前。1970年代，当地大规模平田整地，林田渠路配套，防风屏障层设，致风清沙息，加之农民生活改善，停止在西滩打柴，固沙效果明显。北沙窝被彻底阻断沙源，遂成孤沙独丘。其余沙窝向东南移近10公里，已出苍儿湖界，到达屯庄堡以东。沙丘渐行渐远，渐远渐小。北沙窝是新城湖重要历史事件的见证者之一。500多年前，明军与虏寇拼杀于北沙窝，官兵中伏惨败，死伤众多，血染沙丘，引起朝野轰动。瞭望孤沙远影，怀顾五百年悠悠，新城湖与时代同变化。当年北沙窝移过之处，干旱无草，平川无沙。

近几十年来，由于人口增加、生态、气候等原因，草湖环境巨变，沙化严重，已面目全非。“雨住泉腾”“大湖芦荡”“激流钻洞”“间歇奇泉”等奇观异景不复存在，昔日景象已永远成为当地老人的回忆。

十九、城市精神

1. 嘉峪关精神

嘉峪关精神为：艰苦奋斗，开拓创新，开放包容，敢为人先。

嘉峪关市是随着酒钢建设发展起来的新兴城市。20世纪50年代，当第一批建设者来到嘉峪关的时候，这里一穷二白，举目苍凉。这里不是故乡，既没有亲人的慰藉，也没有熟悉的自然环境，如何能够坚守下来？如何能够为祖国、为人民干出一番事业？那就是想在前、走在前、干在前，不服输、不低头、不退缩。虽然今天的嘉峪关，经济总量不断扩大，城市建设日新月异，生态环

嘉峪关精神砥砺城市建设

境持续改善，人民生活水平显著提升，但无论何时，“艰苦奋斗”都是城市光荣的传统，“开拓创新”都是城市发展的根基，“开放包容”都是城市自有的天性，“敢为人先”都是城市不屈的斗志，这就是嘉峪关精神所在。

2. 铁山精神

铁山精神为：艰苦创业，坚韧不拔，勇于献身，开拓前进。

伴随着毛主席、党中央建设酒钢公司的一声号令，从1955年第一批地质队员踏上远赴祁连山深处的探矿之路开始，到1958年各路建设大军齐聚大漠戈壁，雄关儿女掀开了酒钢和嘉峪关市开发建设的大幕。在艰苦的创业历程中，广大建设者战胜了无数生产、生活困难，住着地窝子，烧着土煤球，吃着粗杂粮，人拉肩扛装运设备，排除万难投入生产，终于在荒无人烟的戈壁沙漠中建起了一座现代化钢铁企业。“艰苦创业”成为酒钢人的立身之本。酒钢的建设经历了无数的风雨坎坷，有过战天斗地的大军会战，也有过陷入困顿的“三上两下”，但无论面对什么，酒钢人从未气馁消沉，总是能够顾全大局、经受考验。“坚韧不拔”成为酒钢人的顽强性格。一批又一批的工人、干部和技术人员，响应党和国家的号召，义无反顾地来到大西北，扎根祁连山下，为酒钢的建设献了青春献终身，献了终身献子孙。“勇于献身”成为酒钢人的高尚品格。酒钢在不同的发展阶段都遇到了不少困难，经历了各种考验，但酒钢人不等不靠，抓住一切机会，凭着与时俱进的创新意识、不甘落后的进取意识和强烈执着的发展意识，创造出了一个又一个辉煌。“开拓前进”成就了酒钢人的创业发展之路。

“钢城的开路先锋”雕塑

3. 八棵树精神

八棵树精神为：扎根戈壁，艰苦奋斗，无私奉献，甘当路石。

1952年初春，中华人民共和国第一代养路人来到了古老的雄关之下，开始了他们艰难困苦的创业岁月。为了阻挡风沙对房屋和公路的侵害，郑占乾等同志利用工作之余，号召职工和家属在简陋的道班工房前种下一排杨树，岁月更替、几经沧桑，后来只剩下了8棵。60多年来，在一代代公路人的精心呵护下，这8棵杨树已经长成了参天大树。“扎根戈壁、艰苦奋斗、无私奉献、甘当路石”的“八棵树精神”也随之生根发芽，被一代代的嘉峪关公路人传承发扬。“八棵树精神”既是老一辈公路人筚路蓝缕、架桥铺路的缩影，更是嘉峪关几代人、几十年艰苦创业、建设家园的生动写照。

八棵树公路文化广场

二十、节庆活动

1. 敦煌行 · 丝绸之路国际旅游节

由国家文化和旅游部、甘肃省人民政府共同主办的以“畅游绚丽甘肃，发展丝路旅游”为主题的敦煌行 · 丝绸之路国际

第八届敦煌行 · 丝绸之路国际旅游节开幕式在关城举办

旅游节，是全国唯一以丝绸之路命名的品牌旅游节，自2011年首届举办以来，得到社会各界的广泛认同和积极参与，成为丝绸之路沿线国家和地区、各兄弟省区市旅游交流合作的重要平台。旅游节期间，甘肃省14个市州利用一个月时间，持续举办文化、旅游、体育、康养、民俗等活动，为国内外嘉宾和社会各界呈现一场精彩绝伦的文化旅游盛宴。嘉峪关市多次举办过此旅游节开幕式。

2. 嘉峪关国际滑翔节

嘉峪关滑翔基地位于嘉峪关市东北12公里处的民航机场内，与澳大利亚和南非同为世界三大开展滑翔运动的理想场所。1992

嘉峪关市多次举办国际滑翔赛事

年7月，第一届嘉峪关国际滑翔节在嘉峪关市举行。活动由市政府举办，是一次以滑翔为主，集文化、旅游、经贸交流于一体的大型国际性活动。嘉峪关滑翔基地拥有一流的滑翔器具和气流条件，自举办首届国际滑翔节以来，对国内外游客产生了巨大吸引力。嘉峪关在条件许可的情况下，于每年7月中旬坚持举办国际滑翔节活动，以扩大影响，并满足滑翔爱好者的需求。

3. 嘉峪关铁人三项亚洲杯赛

从2004年7月开始，中国·嘉峪关铁人三项国际积分赛（亚洲杯）、亚洲铁人三项锦标赛、铁人三项亚洲杯赛、全国冠军赛等赛事每年夏天在嘉峪关市举行。赛事由甘肃省人民政府、国

嘉峪关市每年举办国际铁人三项赛事

家体育总局自行车击剑运动管理中心和中国铁人三项运动协会共同主办，甘肃省体育局和嘉峪关人民政府承办。铁人三项运动属于综合性运动竞赛项目，比赛由天然水域游泳、公路自行车、公路长跑三个项目按顺序组成，运动员需要一鼓作气赛完全程。铁人三项赛的标准距离为：游泳1.5公里，自行车40公里，长跑10公里。

4. 丝绸之路（嘉峪关）国际房车博览会

2016年9月，首届丝绸之路（嘉峪关）国际房车博览会在嘉峪关市举办。此后每年举办一届。博览会由甘肃省工业和信息化厅、甘肃省旅游发展委员会、嘉峪关市人民政府、中国电子科技

丝绸之路（嘉峪关）国际房车博览会开幕式

嘉峪关每年举办国际短片节

集团和中国汽车工业协会旅居车（房车）委员会共同举办，以“天下雄关边塞情，房车旅游甘肃行”为主题。博览会分为房车整车展示、房车配件展示、户外用品展示、高端产品展示和基础设施示范展示等。博览会除了举办房车展览，还有高峰论坛、项目签约等。

5. 中国 · 嘉峪关国际短片电影展

始于2012年的中国 · 嘉峪关国际短片电影展由国家广播电视总局和甘肃省人民政府共同主办，以评选展映国内外优秀纪录片、科教片、动画片和短片为主要内容，集国际短片高端学术研讨、创制、市场推介、展映交流于一体。每年一届，活动地点分别为嘉峪关市和兰州市。

嘉峪关市新城镇第六届西瓜文化旅游节现场

6. 新城镇西瓜文化旅游节

嘉峪关新城镇西瓜文化旅游节从2014年开始，每年在西瓜上市时举办。这项活动旨在推动现代农业和乡村旅游业的大力发展，为加快新农村建设步伐，提升野麻湾西瓜的知名度和品牌影响力，展示新城镇良好的精神风貌，搭建农民增收平台，促进新城镇农业经济又好又快发展助一臂之力。活动期间游客可以参观历史景观，体验淳朴乡风，可以在指定场地进行烧烤，前往乡镇农家乐品尝美食，享受田园风光，体验采摘乐趣。最吸引游客的是瓜王擂台赛、吃瓜比赛及赛瓜大会。

7. 文殊镇石桥村梨花节

2020年5月1日，文殊镇石桥村首届梨花节开幕，此届梨花节

嘉峪关市文殊镇石桥村首届梨花节开幕式

以“梨花映雪·香遇石桥”为主题，为期三天。梨花节以中国经典传统文化传承为主线，穿插琴棋书画等艺术，将文艺表演、秦腔展演、土特美食品尝、水果采摘、休闲旅游贯穿于活动始终。石桥村有200多亩梨园，一到春天，梨花吐蕊绽蕾，雪堆云涌，煞是好看。

8. 文殊镇河口村沙枣花节

2020年5月30日至31日，文殊镇河口村首届沙枣花节在卧龙山庄开幕。

此次活动以河口村卧龙山庄沙枣树林为载体，围绕“闻香、赏花、旅游、休闲”四大主题，包含“舞动雄关·多彩文殊·我为文殊代言”舞蹈展演、“平衡车寻宝”比赛、“芮宁将军出塞”

戏曲展演、沙枣花诗会以及亲子采摘、文殊特色美食品尝、骑行漫游寻宝打卡等活动，全面展示文殊镇乡村旅游资源，深入培植“乡村游 · 来文殊”品牌，推动文殊镇乡村旅游大发展。

文殊镇河口村沙枣花节预告

峪泉镇锅盔文化美食节现场

9. 峪泉镇锅盔文化美食节

首届峪泉镇锅盔文化美食节于2017年9月28日—29日举办。美食节主题为“品民间乡土美食，展非遗文化技艺”。峪泉镇锅盔文化美食节每年举办一次。锅盔，又叫锅魁、锅盔馍、干馍，是西北地区城乡居民喜食的地方传统风味面食小吃，因直径超过二尺，又圆又厚像锅盖而得名。

10. 新城镇泥沟村生态旅游节

2019年8月10日，新城镇泥沟村首届生态旅游节在泥沟村渔家傲景区开幕。生态旅游节旨在充分展示泥沟村优美的生态环境和丰富的旅游资源。活动为期两天，活动内容有草湖野生鱼捕捞、风光无限越野车观光、胡萝卜农事体验、户外露营烧烤、特色美食品尝等。

嘉峪关市新城镇泥沟村生态旅游节现场

11. 新城镇赶集文化艺术节

2019年9月12日，首届赶集文化艺术节暨“五小”产业发展成果展销会在新城镇新城村开幕。艺术节以“寻根传统赶集文化、推广新城特产美食”为主题。艺术节展示了非物质文化遗产、美食、农副产品等。赶集就是到集市上做买卖或玩耍，这种生活习惯源远流长。

嘉峪关市新城镇赶集文化艺术节开幕式

嘉峪关，掀起你的盖头来！

刘玉兰

世界上有一条东西方文化交流的阳光大道，亦是一条友谊发展之路，那就是绵延万里、色彩缤纷的丝绸之路；世界上有一座以关命名的城市，那就是被誉为西部“戈壁明珠”的现代化工业旅游城市嘉峪关。独特的地理优势、厚重的历史积淀、丰富的旅游资源、浓郁的人文气息，让这座古老而年轻的城市日渐焕发出迷人的光彩和勃勃生机。

掀开历史的长卷，嘉峪关是一张诠释华夏民族生生不息的艺术史诗的亮丽名片，带给我们无穷的文化自信；又如广袤浩瀚的大漠戈壁盛开的一朵绚烂的艺术之花，呈现给我们精美绝伦的绽放。

中外巨防锁河西

祁连山的支脉文殊山延绵起伏，马鬃山的支脉黑山重峦叠嶂，这里地势险要，易守难攻，是千里河西走廊的天堑，也是西域文明东进和中原文明西出在青藏高原以北、蒙古高原以南的唯一通道。在两山之间的高岗上，伫立着一座关，这就是嘉峪关，古称“河西第一隘口”。

嘉峪关是明代万里长城的西端起点，也是明代长城沿线建造规模最为壮观，保存最为完好的一座古代军事城堡。关城南凭祁连山，北依黑山，险峻天成，气势磅礴，与边墙、墙壕、烽燧等长城构成封锁河西走廊的防御体系，素有“中外巨防”之称。

明洪武五年（1372），朱元璋派西征大将军冯胜追歼元朝势力。冯胜率兵西进，直取河西走廊，所向无敌，大破元军，终于收复河西。明朝为了巩固西北边陲，命冯胜在河西建关设防，冯胜就将关址选定在黑山、文殊山之间的高岗上。官兵们克服艰难险阻，不到一年，就修筑了周长220丈的嘉峪关堡，又历经100多年的加固扩建，最终形成气势雄伟、两翼长城张开、三楼拱峙的嘉峪关。此后，嘉峪关经过明清几百年风吹雨打，依然巍峨耸立。

嘉峪关在历史和文化方面具有世界性的价值和影响力。1961年3月嘉峪关被国务院列为第一批全国重点文物保护单位，1987年被联合国教科文组织认定为世界文化遗产，成为享誉中外的中国形象之一。嘉峪关历史上名人题咏甚多，其中以林则徐1842年所作四首《出嘉峪关感赋》成就最高、最为著名，从不同角度，层层深入地展现了威严险固、形胜雄奇的嘉峪关壮丽画卷，同时又是登临怀古的杰作，毛泽东甚为喜爱并亲笔书写。

以关命名的城市——嘉峪关，是随着我国西北最大的钢铁联合企业——酒泉钢铁（集团）有限责任公司的建设而发展起来的一座新兴工业旅游城市，又称“戈壁钢城”，是连接亚欧大陆桥丝绸之路黄金带重要节点城市，现代化气息浓郁，中外知名度高，处于西部资源产区中心，配置资源的地理位置优越。国家已建成的重要能源项目西气东输、西油东送和西电东送三大能源网均通过这里。嘉峪关是河西走廊生产要素最富集、最活跃的地区，有全省文化旅游产业龙头、戈壁生态农业品牌、国家重要的清洁能源产业示范基地等独特优势，在高质量发展、改革开放、乡村振兴、壮大县域经济、绿色发展、满足群众美好生活需要、社会治理现代化等方面走在全省前列。

壮阔历史展画卷

走近嘉峪关，是寻求来路，看曾经的长河落日，大漠孤烟。这里的一山一水、一沙一石都记录着厚重的历史。穿越时空的伟岸与光华，嘉峪关沿着时间的脉络缓缓走来，一个个鲜活的历史人物由远到近，一幅幅波澜壮阔的历史画卷在眼前徐徐展开。

在中国几千年的历史中，汉朝是一个光辉闪耀的朝代，人才辈出。公元前139年，雄才大略的汉武帝为捍卫大汉尊严，拟对长期侵扰边境的匈奴诉诸武力，便派张骞去西域联合月氏国，结交西域诸国，实施“断匈奴臂”战略。大漠戈壁，狂风呼啸，飞沙走石，遮天蔽日，张骞带领随员，风餐露宿，衣不蔽体，克服了难以想象的恶劣环境和困难。前后13年，张骞两次被匈奴扣留，遭遇千难万险。他初心不改，不畏艰辛，毅然履行使命。历经千辛万苦，逃离匈奴，终于归汉。

据史书记载，张骞首次出使西域返汉，途经今天的嘉峪关地域，以敏锐的眼光发现了这里独特的地理价值。张骞是这里拥有独特国防、地理、军事价值的发现者，是河西走廊归属中国版图的策划者。嘉峪关、酒泉、河西走廊、丝绸之路的历史，因张骞的发现而开始。嘉峪关有文字记载的历史渊源应追溯到公元前二世纪，嘉峪关的历史开始于西汉。

汉朝通过强大的武力开疆拓土，捍卫政权。因此，带兵征战、驰骋疆场就成为武将的最高荣耀。公元前121年春，骠骑将军霍去病率一万骑深入河西走廊，直扑呼蚕水（讨赖河）湿地。汉匈两军对战中，鼓号阵阵，万马嘶鸣，鸟雀哀鸣，刀兵铿锵。霍去病身先士卒，冲锋陷阵，最终，汉军一举荡除了盘踞在这里的匈奴，这里始归中国版图。两年后霍去病收复河套地区，将匈奴赶出漠北，在狼居胥山下举行封天仪式，留下封狼居胥的传奇。千百年来，人们喜欢霍去病不仅因为他征战无数未尝败绩，还因为他身上那股豪爽干练的英雄气。面对汉武帝的赏赐，他说："匈奴未灭，何以家为！"千年之后，狼烟遁去，刀剑入鞘，如今的西北汉子性格豪爽，为人真诚，大碗喝酒，大块吃肉，绝不是这位武将天才的"模仿人"，而是源自一种潜移默化的历史传承和文化自信。

"严关百尺界天西，万里征人驻马蹄……"中国卓越的政治家、民族英雄林则徐，被革职"谪戍伊犁"，途经嘉峪关，他

立于石关峡的林则徐雕像

立马关前，放眼西部，感慨万千，挥笔写下《出嘉峪关感赋》四首，一感一赋，直抒胸臆，描绘了嘉峪关的壮丽风光，点明嘉峪关的战略地位和在中外文化交流中的重要作用。“楼头倚剑接崆峒”“东南谁比此关雄”，以气贯长虹的浪漫主义情怀突出了伫立关楼的倚剑者的高大形象，他以诗喻人，自我写照，神驰遐想，委婉含蓄地抒发了抗敌御侮、安定国家的政治抱负。烈士暮年，壮怀激烈，心想东南，洗雪国耻。千年历史育后人，一代风流谱新篇。反复品读《出嘉峪关感赋》，令人油然而生热爱祖国、热爱家乡之情，我辈更应铭记历史，不忘初心，开拓进取，振兴雄关。

清朝一代名臣左宗棠，一生立下赫赫战功。光绪六年

(1880),68岁的左宗棠“舁榇发肃州”(《清史稿——左宗棠传》),率大军出嘉峪关，奉命收复新疆。浩浩荡荡的列队中，一樽棺木赫然在列，表达他誓死完成使命的决心。两年之内，左宗棠一举击败阿古柏，粉碎了外敌的野心，收复了新疆。今日，我站在嘉峪关西出东进的古道上，极目远眺祁连山，近目凝视左公柳，让心灵驰骋千里，让意识纵横流淌。今人不见古时月，今月曾经照古人。嘉峪关曾经伴随着“壮士长歌，不复以出塞为苦”的豪言壮语，见证了万千铁骑舁榇出关的英勇壮举。那是华夏儿女骨子里和血脉中流淌着的坚韧不拔、不屈不挠的民族气概。

纵观历史，脑海中闪烁着一个个鲜活的面容，他们或途经嘉峪关，或驻守嘉峪关，或殉身嘉峪关……千百年来，他们的名字已和嘉峪关密不可分，他们的壮举亦随着祁连山圣洁的雪水静静流淌在河西大地，他们的精神如同扎根戈壁的沙枣树一般默默守望着这座城市，忠诚而厚重。这些与嘉峪关息息相关的浩繁史料给嘉峪关增添了深远而丰富的历史研究课题，必将为打造旅游强市增添新的生机和活力。

名胜古迹铺城外

长城是中国文化的首要象征。嘉峪关曾经是“天下雄关”。丝绸之路从这里蜿蜒穿过，明代利用嘉峪关境内天险集中的地理，因地制宜修建了封锁河西走廊的长城防线。嘉峪关汇聚着世界上种类繁多、形态各异的长城遗址。目前被发现和开发的长城类型有人工墙体、壕堑、天然险、独立单体四类及崖栅、墙壕、墩壕、边墙、墩台等20种具体长城形态。挖掘嘉峪关厚重的历史文化不难发现，如果在丝绸之路上寻找一处见证亚欧文化交流冲撞的典型遗迹，是嘉峪关；如果寻找见证16世纪世界最强大帝国势力对峙和攻守的代表遗迹，还是嘉峪关。嘉峪关就是祖辈留给我们的一座丝路之城、长城之都。嘉峪关长城是彰显中华民族精神的重要载体。因为位置要冲、建设周期长、工程体量庞大、长城形态丰富、纵深广阔、久历战争等原因，嘉峪关防线是世界上冷兵器时代最重要、最经典的国家防线。雄浑壮美的嘉峪关防线是当仁不让的露天长城博物馆。把“关城旅游”扩展为“长城旅游”，把“景区旅游”升级为“全域旅游”，建成万里长城沿线最大的露天长城博物馆，以“长城之都”迎接四海宾朋——嘉峪关长城正在以伟岸的身躯撑起雄关钢城昂首阔步的明天。

在嘉峪关关城西北部约6公里处有一段长城，依山势而建，直至黑山山顶，远远望去，墙体悬挂山脊，陡跌而下，这就是素有“西部八达岭”之称的“悬壁长城”。有诗赞云：“万里长城万里关，迭障黑山暗壁悬。”站在悬壁长城脚下，仰望山顶，远处的山峦绵亘不绝，透过戈壁关山之间的石窟古堡和险隘雄关，昔日的金戈铁马，烽火狼烟，似乎历历在目，耳边又响起了阵阵胡笳，声声驼铃。与悬壁长城遥相对望的是长城第一墩，建筑于明嘉靖十八年（1539），矗立于西长城尽头高达60多米的悬崖峭壁之上，故名第一险墩。从第一墩向北望去，嘉峪关险要的地理位置一目了然，这里居高临下，易守难攻。与此同时，置身古道的艺术之旅，眼前展开了一幅雄浑古朴的历史画卷：万里长城似长龙游弋于戈壁瀚海之中；雪山、戈壁、关城、商旅、驼队……宛若一幅古风古韵的流动沙画；眼前的雕塑群展现的“古代”丝绸之路上的商队和旅行者的形象惟妙惟肖。在这里，两千多年前开通的中国与亚欧经济文化交流的丝绸古道依稀可见。仿佛，这里的每一位商旅都恰似祁连山上的流云；诚然，这里的每一个脚印都是当年的还原。

遗址是古代派驻现代的使节，经过历史的挑剔、筛选和保护下的长城遗址是祖辈曾经发动过壮举的见证，汇聚着当时的力量和精粹。那些边墙、墩台、营堡、崖栅、墙壕、墩壕是沉默的，当我们走近它，用心灵去触摸它，感受文明与蒙昧、崇高与卑微的较量，它们便活了。这时，它与人之间是一种温情脉脉的对话，我们或许会接受它的一种观点，一种情感，或许什么也不接受，只是纯粹地与它交流，鲜活的生命因此丰盈而充实。

在历史的长河中，嘉峪关不仅是一朵绚丽的浪花，更是一块掀起惊涛骇浪的巨石：十六世纪，嘉峪关是明朝据守，蒙古势力力争的地方，“据一关而撼天下”“得嘉峪关得天下”，嘉峪关的得失，是亚洲格局此消彼长的分水岭，它左右了亚洲历史的走向。正因为它始终掌握在明朝手中，才形成了今天的历史。

作为全国重点文物保护单位的新城古墓群，位于果园—新城墓群北部，在其方圆60平方公里的范围内，分布着上千座古墓，规模庞大，数量众多。从已发掘的墓葬看，建筑精巧，结构独特，尤其是墓室内的画像砖，色调热烈明快，栩栩如生，是古代政治、经济、军事、外交、文化的生动写照，具有重要的历史和文化研究价值。嘉峪关市史志研究学者几十年孜孜不倦，潜心研究，通过大量翻阅史料和反复论证，根据画像砖的描绘一一解读出墓主，据此提出新城古墓群系汉公墓的观点。2013年6月13日《学者称嘉峪关新城古墓或为东汉政府修建公墓》一文首次在新华网发布后，先后被凤凰网、腾讯网、新浪网、环球网、古墓研究专网等几十家网站相继转发，引起学界关注。弥足珍贵的画像砖被称为“图画版”的《汉书》《史记》，为文化旅游提供了强大的支撑和源泉，必将推动嘉峪关的繁荣与发展。

绿影婆娑绕画廊

欲把雄关比美人，浓妆淡抹总相宜，暗香浮动漫雄关，绿影婆娑绕画廊！不用唱“远方的客人请你留下来”，来自世界各地的人们已被草色湖景牵引目光，已被雪山戈壁拽住脚步。嘉峪关依托独特的山水之美和厚重的人文灵气，建成了“城在绿中、水在城中、人在景中”的塞上绿洲之城。放眼雄关大地，一幅幅“青山绿水共为邻”的写意画卷渐次铺开。

位于嘉峪关市区东北部约30公里的新城草湖，是国家AAAAA级天然湿地保护区，“天苍苍，野茫茫，风吹草低见牛羊”的牧野风光在这里再现。天然湖泊，碧波荡漾，孕育了周围广袤的绿洲及丰富的湿地资源，成为100多种野生动植物繁衍生息的乐园。

华灯初上，灯火阑珊，小城夜色迷人。携手步入夜市，品尝

夜色迷人的嘉峪关市

各种小吃，尽享休闲时光，琳琅满目的特色风味美食让你目不暇接，垂涎欲滴。最值得一提的是嘉峪关烤肉，色泽鲜润，味美肉嫩，口感温和，不愧为嘉峪关传统非遗美食。夜幕降临，霓虹闪烁，随友人朝温馨时尚的酒吧走去，伴随着古典音乐，还未等开口，颇有眼色的服务员早就心领神会，紫轩佳酿已然盛满夜光杯。“葡萄美酒夜光杯”已是雄关夜生活最时尚的引领。嘉峪关有亚洲单体面积最大的酒窖和占地10万亩的葡萄园基地，令嘉峪关

湖光山色的嘉峪关市区

人引以为豪的紫轩葡萄美酒享誉中外。

嘉峪关始终与时代同行，在改革中发展，在开放中成长。开拓创新、开放包容、时尚超前是她特有的气质。嘉峪关挡不住的“国际范”扑面而来。“宜融则融、能融尽融、以文促旅、以旅彰文”，嘉峪关先后举办了多届国际滑翔节、国际铁人三项赛、国际自行车越野赛等一批精品赛事，体育让这座城市更具魅力；国际短片电影展、国际文化产业大会、丝绸之路国际旅游节、国际房车博览会等一系列大型活动接踵而至，文化给这座城市增添了

中国长城象征——嘉峪关

无穷活力。三十万雄关儿女矢志不渝，为城市建设奉献着青春与热血，历经20多年夺得“全国文明城市”殊荣，为精神文明创建谱写了浓墨重彩的篇章。

这里有开发不尽的旅游资源，有挖掘不竭的文化矿藏，有感受不完的历史文明！新时代，新起点，中国梦，雄关梦，嘉峪关如同一位集古典与现代于一身的西部美人，神秘梦幻，呼之欲出。我们有理由相信，掀起这位美人的盖头，她定会让雄关明眸善睐，惊艳四方。

【临走考考你】游览完嘉峪关应该知道的十个问题

看长城、采风光、听讲解、悦精神，游览完嘉峪关，收获一定很大，如果你知道了这十个问题的答案，就不虚此行，回去后就可以给身边人讲解嘉峪关。

1. 嘉峪关的选址依据是什么？

2. 嘉峪关关城为什么又称“城楼”？

3. 嘉峪关凭什么称“天下雄关”？

4. 嘉峪关防线有多少种类长城？

5. 哪些地理要素对嘉峪关设防最重要？

6. 张骞于公元前128年为什么路过嘉峪关地域？

7. 嘉峪关地域历史上发生过最大规模的战争是哪起？

8. “嘉峪关”这个名字由何而来？

9. 嘉峪关地域在宋朝时归哪里？

10. 为什么设立嘉峪关市？